청년 공동체 바로 세우기 | 말라기
(인도자용 지침서)

청년 공동체 바로 세우기 | 말라기(인도자용 지침서)

초판 1쇄 발행 | 2014. 1. 20
초판 1쇄 인쇄 | 2014. 1. 20
지은이 | 김상권
연구위원 | 김주혁 전도사(강남교회), 박효범 강도사(안양석수교회),
오경제 전도사(강남교회), 이다윗 전도사(아나톨레),
이사무엘 전도사(수영로교회), 김정혁 강도사(내일교회),
김지원 목사(수영로교회), 전영삼 목사(수영로교회),
조인식 강도사(새누리교회)
펴낸 이 | 정신일
펴낸 곳 | 크리스천리더
편 집 | 방진아
교 정 | 이주련
일부 총판 | 생명의 말씀사 (02) 3159-7979
등 록 | 제 2-2727호(1999. 9.30)
주 소 | 부천시 원미구 중동 1289번지 팰리스카운티 아이파크상가 5층
전 화 | (032) 342-1979
팩 스 | (032) 343-3567
도서 출간 상담 | E-mail:chmbit@hanmail.net
Homepage | cjesus.co.kr/juwana.co.kr

ISBN : 978-89-6594-100-2 03230

정가 : 8,000원

한국교회 다음 세대를 세우기 위한 마지막 대안, 청년 공동체 바로 세우기 프로젝트

청년 공동체 바로 세우기

청년 공동체 바로 세우기 인도자용

말라기의 **원어적 의미**를 찾는 **영적 성숙 프로젝트**

김상권 목사

[말라기]

>>> Malachi **Project** >>>

"타락을 책망하시고 택한 자를 향한 하나님의 무조건적 사랑을 말씀하신 여섯 편의 단편 예언들은 이제 주님의 구원과 심판이 임할 때 선민이 갖추어야 하는 영적 준비가 무엇인지로 이어진다.
1절의 '용광로 불 같은 날'은 재림의 날만을 의미하지 않고 초림을 포함하는 말이다. 왜냐하면 구약의 예언은 '예언의 다중성, 복합성'에 따라 예수 그리스도의 초림과 재림을 구분 없이 '그날'이라고 묘사하기 때문이다. 말라기의 요약이며, 구약의 결론은 모세에게 명령한 율법과 법도를 기억하고 우리 마음을 하나님께로 돌리는 바로 그것이다."

CLS 크리스천리더

청년 공동체 바로 세우기를 위한 소그룹 사역 전략

청년 공동체 바로 세우기 소그룹 사역 전략은 총 다섯 가지의 전략을 가지고 각 청년 공동체에 맞게 조율 수립하여 각 공동체가 커리큘럼과 양육 체계를 가지고, 실질적인 영적 성숙의 가시화를 목표로 하는 청년 공동체 소그룹 사역 전문 매뉴얼입니다. 구체적인 세부안은 『청년 실종 공동체성으로 공략하라』(크리스천리더)를 참고하세요.

1. 공동체성 진단하기

1) 사역 현장의 양육, 예배, 교제, 전도 기능을 대표하는 사역들이 공동체성에 미치는 영향을 5점 척도로 회원들에게 체크하도록 한다.

2) 상대적으로 부족하다고 생각되는 부분을 함양하기 위한 사역을 점검하고 수정과 보완을 실시한다.

3) 정기적으로 진단하여 공동체성 함양 정도를 파악한다.

공동체성		양육 기능	예배 기능	교제 기능	전도 기능	소계
사 역		(　)	(　)	(　)	(　)	
관계적 속성	친밀한 상호작용과 영향	0 1 2 3 4	0 1 2 3 4	0 1 2 3 4	0 1 2 3 4	
	공동 목적 추구 행위	0 1 2 3 4	0 1 2 3 4	0 1 2 3 4	0 1 2 3 4	
	전인격적 관계	0 1 2 3 4	0 1 2 3 4	0 1 2 3 4	0 1 2 3 4	
	공동체 참여	0 1 2 3 4	0 1 2 3 4	0 1 2 3 4	0 1 2 3 4	
	공동 가치와 규범의 공유	0 1 2 3 4	0 1 2 3 4	0 1 2 3 4	0 1 2 3 4	
소 계						
정서적 속성	정서적 공감과 일치	0 1 2 3 4	0 1 2 3 4	0 1 2 3 4	0 1 2 3 4	
	개인과 공동체의 유익 일치	0 1 2 3 4	0 1 2 3 4	0 1 2 3 4	0 1 2 3 4	
	심리적 욕구의 통합과 충족	0 1 2 3 4	0 1 2 3 4	0 1 2 3 4	0 1 2 3 4	
	공동체 지향 본연 의지	0 1 2 3 4	0 1 2 3 4	0 1 2 3 4	0 1 2 3 4	
	의식적 소속감	0 1 2 3 4	0 1 2 3 4	0 1 2 3 4	0 1 2 3 4	
소 계						
물리적 속성	지리적 근접성	0 1 2 3 4	0 1 2 3 4	0 1 2 3 4	0 1 2 3 4	
	시간과 공간의 유사성	0 1 2 3 4	0 1 2 3 4	0 1 2 3 4	0 1 2 3 4	
	공동체 환경의 특성	0 1 2 3 4	0 1 2 3 4	0 1 2 3 4	0 1 2 3 4	
	사회적 단일성	0 1 2 3 4	0 1 2 3 4	0 1 2 3 4	0 1 2 3 4	
	공통된 문화의 공유	0 1 2 3 4	0 1 2 3 4	0 1 2 3 4	0 1 2 3 4	
소 계						
총 계						

2. 핵심가치 공유하기

1) 공동체성은 교회 부흥과 쇠퇴의 핵심적 요인이다.

2) 공동체성은 소그룹 사역에서 효과적으로 함양될 수 있다.

3) 소그룹은 예배, 양육, 전도, 교제의 기능을 강화할 때 활성화된다.

4) 1년을 4달씩 한 텀(Term)으로 묶어 소그룹 커리큘럼을 세우고 공동체에 적용한다.

연차	필수 과정 (1~4월)	암송구절	선택 과정 (5~8월)	필수 과정 (9~12월)	암송구절
6년차	사무엘 상하	1. 내주하시는 성령(갈 4:6) 2. 통치하시는 성령(갈 5:16) 3. 계시하시는 성령(요 14:26) 4. 능력 주시는 성령(고전 2:4,5)	☞ 그리스도인 되기 ☞ 기독교 세계관 ☞ 거친 형상과 내적 치유 ☞ 하나님 음성을 듣는 법 ☞ 이성 교제와 결혼 준비 ☞ 경배와 찬양 ☞ 비전과 소명 ☞ 기도 학교 ☞ 부모와 가정 사역 ☞ 직장과 신앙 ☞ 고난과 시험 ☞ 감정 다루기 ☞ 영성 훈련 ☞ 캠퍼스 생활 ☞ 대인관계와 커뮤니케이션 ☞ 선교와 선교적 삶 ☞ 이단 연구 ☞ 대중문화와 기독교 ☞ 하나님의 이름 ☞ 기독교 교리 입문 ☞ 그리스도인의 물질관 ☞ 교회론과 실제 ☞ 종말론과 실제 ☞ 구원론과 실제 ☞ 기독론과 실제 ☞ 신론과 실제 ☞ 기질과 은사 개발	야고보서	1. 용서함(엡 4:32) 2. 오래 참음(엡 4:2) 3. 분노를 다스림(엡 4:26) 4. 악의를 버림(엡 4:31)
5년차	느헤미야	1. 믿음(히 11:6) 2. 선행(갈 6:9,10) 3. 경청함(약 1:19) 4. 책망을 받아들임(잠 9:8,9)		살라니아서	1. 생각의 습관(빌 4:8) 2. 마음의 습관(눅 6:45) 3. 말의 습관(엡 4:29) 4. 행동의 습관(살전 5:22)
4년차	사사기	1. 공급(롬 8:32) 2. 유혹에서 도우심(시 119:9,11) 3. 교제(마 18:20) 4. 증거(롬 1:16)		요한복음	1. 사랑(요일 3:18) 2. 겸손(벧전 5:5,6) 3. 순결(엡 5:3) 4. 정직(행 24:16)
3년차	여호수아	1. 구원의 확신(요 5:24) 2. 예수를 첫자리에 모심(마 6:33) 3. 죄에서 떠남(롬 12:2) 4. 견고함(고전 15:58)		빌립보서	1. 성령(고전 3:16) 2. 능력(사 41:10) 3. 성실(애 3:22,23) 4. 평안(사 26:3)
2년차	말라기	1. 중심 되신 그리스도(갈 2:20) 2. 그리스도께 순종(요 14:21) 3. 말씀(딤후 3:16) 4. 기도(요 15:7)		누가복음	1. 모든 이가 죄를 범함(롬 3:23) 2. 죄의 형벌(롬 6:23) 3. 그리스도가 형벌 받음(롬 5:8) 4. 그리스도를 영접해야함(요 1:12)
1년차	창세기	1. 말씀에 의한 생활(행 20:32) 2. 성령에 의한 생활(롬 8:14) 3. 믿음에 의한 생활(고후 5:7) 4. 사랑에 의한 생활(요일 4:11)		에베소서	1. 구원의 확신(요일 5:11,12) 2. 기도응답의 확신(요 16:24) 3. 승리의 확신(고전 10:13) 4. 사죄의 확신(요일 1:9)

3. 양육 체계 확립하기

1) 모든 회원을 신앙의 성숙도에 따라 4 Step으로 분류한다.

2) 한 Term에 One Step-up을 목적으로 하여 양육하고 섬기는 사역을 실시한다.

3) Step-up이 이루어지지 않았을 때는 다음 Term에 다시 시도한다.

4) Step-up은 매 Term 시작 시점마다 점검하여 Step-up을 위한 소그룹 사역을 병행한다.

Step	부서 프로그램	소그룹 중점사항	Step 정의
Step 4 헌신자		리더 비전 나누기 사역팀 합류 소그룹원 챙기기	1. 삶이나 시간을 하나님께 드리려는 자 2. 성숙을 위해 훈련 받는 자 3. 의미 있는 일을 위해 쓰임받기 원하는 자
Step 3 예배자	제자훈련 소그룹 모임 리더 모임	삶 나눔 집중 일일 리더 하기 인턴 리더로 세우기	1. 정기적으로 참여하여 예배를 드리는 자 2. 예배에 대한 기대와 간증이 있는 자 3. 말씀을 듣는 자세가 좋은 자
Step 2 참석자	새가족반 젊은이예배 또래 모임	그룹 내 역할 주기 매주 주중 접촉 격려와 세움	1. 불규칙적으로 예배에 참석하는 자 2. 하나님을 인격적으로 만나지 못한 자 3. 소그룹 모임에 참석하지 않는 자
Step 1 관심자	소그룹 초청 전도축제 캠퍼스 모임	주일예배 동석친구 매주 주중 접촉 모든 모임 초청	1. 친구 따라 교회에 한 번 와본 자 2. 기독교와 신앙에 대해 관심 있는 자 3. 전도하기로 작정한 전도 대상자

4. 운영지침 반복하기

1) 공동체성에 영향을 주는 소그룹의 기능별로 두 가지 정도의 운영 지침을 마련하여 계속해서 반복한다.

2) 각 운영지침에 대한 세부안을 준비하여 강의와 실습 형식으로 매 Term마다 반복하게 한다.

소그룹 기능	분 류	기능 강화를 위한 운영 지침
양육	귀납적(Inductive)	귀납적으로 성경공부를 인도하라
	대화(Communication)	대화를 통해 마음을 열라
예배	기회(Opportunity)	소그룹 예배에 참여할 기회를 주라
	분위기(Atmosphere)	개방적이고 용납적인 분위기를 만들라
교제	사람(Individual)	사람 중심의 소그룹 교제를 유도하라
	갈등(Trouble)	갈등을 효과적으로 관리하라
전도	기도(Prayer)	기도로 성령의 인도하심을 구하라
	목적(Purpose)	목적 지향적 소그룹이 되게 하라

5. 소그룹 리너 양육하기

1) 리더 양육 커리큘럼을 구체적으로 정하여 재교육하는 시스템을 구축한다.

2) 지속적으로 가르치고 실습하게 하되, 다양한 범주 안에서 치우치지 않도록 실시한다.

회 기	양육 커리큘럼	비 고
1st Term (1~4월)	목적 지향적 소그룹 만들기(6주) 리더 친목회(1일) 기질과 은사(4주) 리더 수련회(1박)	리더 훈련 공동체 훈련 제자 훈련 집중 훈련
2nd Term (5~8월)	귀납적 성경공부의 이론과 실제(4주) 리더 친목회(1일) 두려움 없이 사는 법(6주) 리더 수련회(1박)	리더 훈련 공동체 훈련 제자 훈련 집중 훈련
3rd Term (9~12월)	대인관계와 인간 이해(4주) 리더 친목회(1일) 하나님 마음에 합한 사람(6주) 리더 수련회(1박)	리더 훈련 공동체 훈련 제자 훈련 집중 훈련

Contents

「말라기」 교재 개발 지침

1. 각 과의 목적을 분명하게 드러내고 있는가?

2. 관찰, 해석, 적용, 실천 영역들이 골고루 반영되었는가?

3. 각 질문들이 삶과 연결되었는가?

4. 귀납적으로 소그룹원들의 생각과 삶을 돌아보게 하는 질문인가?

5. 열린 질문('예', '아니오'로 답할 수 없는 질문)인가?

6. 처음부터 끝까지 그 진행이 부드럽고 매끄러운가?

7. 분명하고 확실한 질문인가?

8. 형식적으로 들어간 질문은 없는가?

9. 청년들에게 신선함을 주는 디자인과 내용인가?

10. 연구와 묵고(默考)를 거치면 객관적으로 답할 수 있는 질문들인가?

11. 소그룹 안에서의 협동 학습을 실행할 수 있도록 짜여 있는가?

12. 소그룹 인도자가 충분히 준비할 수 있는 시스템과 자료가 지원되고 있는가?

13. 소그룹 인도자가 각 과의 핵심가치를 분명히 알 수 있게 하는 시스템이 준비되었는가?

14. 소그룹 인도자의 공과 진행을 사신과 지도자가 파악할 수 있는 구조는 마련되었는가?

1과

Small group, Cop

성경에 나타나는 제자들과 무리의 모습은 매우 대조적이다.
성경에서 무리는 '예수님의 말씀도 듣고,
병 고침도 받으려고 온 수많은 사람들'로 묘사된다.
여기서 특이한 점은
예수님이 이들을 의도적으로 피하셨다는 점이다.
그러나 제자들에게는 직접 말씀을 들려주셨다.
무리에게는 비유로 말씀하셨지만
제자들에게는 풀어서 설명해주셨다.
제자는 철저하게 소그룹 환경 속에서 만들어진다.
예수님께서는 그 소그룹 환경 속에서
제자의 삶이 무엇인지 가르치려 하신 것이다.
첫 시간에 다룰 CoP(학습 공동체)는
소그룹 속에서 청년 공동체를 만들어가는 도구이다.
모든 지체들이 한 텀 동안 소그룹을 통해
예배, 양육, 전도, 교제의 영역을 함께 고민하고
그에 맞는 전략과 목표를 가지고 함께 실행해 나가는 작업이다.
소그룹 속에서 자신을 발견하게 된다.

말씀 암송 | 요한복음 1장 12절

영접하는 자 곧 그 이름을 믿는 자들에게는 하나님의 자녀가 되는 권세를 주셨으니

|다가서기|

자기소개 및 언약 맺기

첫 소그룹 모임은 소그룹원들이 각자 자신을 소개하고 소그룹 모임에 대한 바램과 자세, 기대 등을 나누는 시간으로 갖는다. 더불어 이번 텀(term) 중에 영적 성숙(One Step-up)을 이루기 위해 소그룹원들끼리 언약 맺기를 하도록 한다(이번 텀에는 어떤 일이 있어도 예배에 빠지지 않겠다, 성경을 하루에 몇 장 읽겠다, 전도를 이러이러하게 하겠다 등).

1. 간단하지만 아주 매력적으로 자신을 소그룹원들에게 소개해 보라.

1) 이름, 나이, 하는 일

2) 사는 곳, 고향, 가족 관계

3) 장점, 단점, 매력 포인트

인도자 가이드 |

재미있게 자기소개를 하도록 한다. 이를테면 소그룹원들이 자신의 매력에 빠질 수밖에 없는 이유나 자신의 가장 자신 있는 부분과 그 이유 등을 나누게 함으로 분위기를 밝게 이끈다.

2. 각자 자신의 옛 이야기들을 나눔으로 서로를 더 깊이 알아가는 시간을 가지라.

1) 어린 시절	2) 가장 따뜻했던 기억
어린 시절에 가장 즐거웠던 일이 무엇인지, 다른 사람이 어린 자신에 대해 뭐라고 말했는지, 어릴 적 버릇은 무엇이었는지 등을 나눈다.	살아가면서 가장 가슴 뜨겁고 뭉클했던 기억을 소그룹원들과 나눔으로 좀 더 진솔하게 자신을 보여줄 수 있는 기회를 갖게 한다.
3) 가장 추웠던 기억	**4) 터닝 포인트**
가장 가슴 아팠던 기억을 '추웠던 기억'이라는 완곡한 표현으로 바꿔 서로가 좀 더 쉽게 아픈 기억들을 나누게 한다. 이때 다른 소그룹원들에게는 진지하게 경청하는 자세를 요구하는 것이 필요하다.	자신의 삶에서 터닝 포인트가 언제였고 그 계기는 무엇이었는지 나누게 하고, 혹 그런 터닝 포인트가 없었던 사람은 솔직하게 없었다고 말할 수 있게 한다. 이를 통해 각자의 상태를 점검한다.

* 이런 기억이 없는 사람은 최근에 가장 재미있었거나 인상 깊었던 일을 나누게 한다.

3. 아래의 질문 중 2~3가지만 택하여 자신에 대해 좀 더 이야기해 보자.

1) 당신의 별명은 무엇입니까? 언제 어디에서 그 별명을 얻게 되었습니까?
2) 당신이 십대에 즐기던 취미는 무엇이었습니까?
3) 당신이 가장 아끼는 소유물은 무엇입니까?
4) 당신이 가장 좋아하는 스포츠는 무엇입니까?

5) 당신이 가장 좋아하는 연예인은 누구이며 그 이유는 무엇입니까?

6) 당신이 만나본 사람 가운데 가장 유명한 사람은 누구입니까? 어떻게 만났습니까?

7) 하루 동안 투명 인간이 된다면 무엇을 하고 싶습니까?

8) 만일 당신이 원하는 직업을 아무것이나 선택할 수 있다면 어떤 직업을 갖고 싶습니까?

9) 당신은 언제 첫 키스를 해보았습니까? 그때의 상황을 설명해 주세요.

10) 당신이 그리고 있는 배우자를 연예인에 빗대어 말한다면 누구를 들 수 있습니까?

11) 리더가 만든 질문

4. 새로운 팀에 대한 기대감 갖기

감동 건강 거룩 경험 고독 관심 관용 균형 기도 기쁨 기회 묵상 내려놓음 다양성 대화 도전 동기 부여 로맨스 만남 목표 믿음 방향성 배움 변화 보살핌 사랑 상상력 생기 수면 순종 신뢰 아름다움 안정 에너지 자신감 영양 섭취 용서 위로 자기인식 자기 통제 자포자기 자기표현 친교 자유 재능 조정 여유 정체성 절제 조직 조화 찬양 축하 책임감 친구 친밀감 통찰 평안 헌신 활동성 힘 민감성 자존감

가장 원하는 기대감 다섯 가지를 정하여 나누고, 그 이유도 설명하게 한다.

5. 언약 맺기

이번 텀을 함께하면서 자신의 영적인 성숙을 위해 하나님 그리고 소그룹원들과 하나 이상의 언약 맺기를 해보라.

인도자 가이드 |

예를 들면 매일 큐티 하기, 기도하기, 이번 텀 동안 친구 1명 전도하기, 매일 말씀 3장씩 읽기, 예배 지각하지 않기, 매주 친구들에게 문자 보내기 등을 각자 정해서 소그룹원들에게 공개하도록 한다. 반드시 지킬 수 있는 구체적인 언약을 세우도록 하고 이를 어길 시에는 소그룹 회식을 위한 벌금이나 찬조금을 내는 것으로 해도 무방하다.

|깊이 보기|

6. CoP(Community of Practice) 나누기

첫 시간에 리더는 이번 텀의 사역과 비전을 나누고, 소그룹 CoP를 통해 모두가 소그룹 모임의 기획과 진행에 동참하도록 계획한다. '학습공동체'라는 말로 번역할 수 있는 CoP는 소그룹 모임의 기획과 진행에 모든 구성원들이 동참하도록 유도하는 것으로, 예배, 양육, 전도, 교제 등의 주제로 지난 텀을 반성 및 분석해 보고, 이번 텀의 아이디어들을 나누도록 하는 것이다. 그리고나서 이번 텀의 목표를 하나 정하고, 그 목표를 달성하기 위한 몇 가지

의 전략들을 수립하는 것이다. 한 텀이 진행되는 동안 이 CoP를 계속적으로 숙지하여 자신의 그룹이 목적 지향적 소그룹이 되도록 리더뿐 아니라 모두가 함께 노력하게 한다.

구분	예배	양육	전도	교제
지난 Term 반성/분석	• 예배에 지각하는 지체들이 많았다. • 예배를 함께 드리지 않으니 집중력이 떨어졌다. • 그냥 들으니 잠이 오는 경우가 많았다. • 초신자들이 신경 쓰였다.	• 리더간 연결이 잘안 됨. • 영적 성장(Step-up)에 대한 의식 없음. • 새가족 인계(기장과 리더의 얼굴인사 필요) • 양육 진도가 제각각이므로 서로 맞추는 것이 필요	• '목마른 전도 모임' 참여 저조 • S.P(엽서 쓰기 좋았음) • 소그룹별로 S.P를 기획하여 진행하니 의욕이 높아졌다.	• 사조직 활용(설거지, 금요 예배 활성화 필요) • 기모임 자료가 서로 공유가 안 되어 힘들었다. • 징검다리 수련회 프로그램에 여유 부족
이번 Term 아이디어	• 마을별로 함께 예배 드리기 • 20분 전에 와서 마을별 중보기도 활성화 • 새가족들이나 비활동적 친구들 만나 함께 교회 오기	• 리더가 step별 부서 프로그램 참석 유도 • 리더 모임 때 step-tree time 갖기 • 새내기 사역 활성화 • 암송 구절 철저히 암송하기 • 경건생활 체크하기	• '목마른 전도 모임' 홍보 • S.P 적극 활용 • 개인 전도의식 고취 • S.P를 적극 활용하여 한 사람이 한 사람 전도하도록 하기	• 온라인 통한 사조직 결성 • 기모임 자료 홈페이지 공유 • 공식적인 모임 이외에 식사 교제가 많았으면 좋겠다. • 또래별 모임이 중요
이번 Term 목표	하나 되는 예배	One step up	1 + 1 전도	온라인 교제
이번 Term 전략	1. 담당하는 지체들과 함께예배드리기 2. 마을별 예배 전 기도회 필참	1. step tree 제작하여 상호 관리하게 함. 2. 새내기를 위한 수호천사제 도입	1. S.P를 통한 관계 전도 활발하게 2. 캠퍼스 전도 월 1회 참석하기	1. 홈페이지 자료 적극 공유하기 2. 비공식적 식사 교제 후기 활성화

|다짐하기|

7. 소그룹원 역할 분담하기

영혼 구원과 영적 성숙이라는 소그룹의 목적을 위해 소그룹원들 각자의 역할을 정하고 분담하도록 한다. 소그룹 별로 다양한 역할과 기능이 있을 수 있으므로 지체들과 상의하여 각자의 역할을 정하도록 한다.

1) 인턴 리더 :

2) 간식 배분 담당 :

3) 친목회, 오락 담당 :

4) 카톡이나 밴드 담당 :

5) 새가족에게 친구 소개 담당 :

6) 소그룹 전도 행사 담당 :

7) 소그룹 모임 장소 알선 담당 :

8) 유머 담당 :

9) 생일 및 경조사 담당 :
(기타 필요에 따라 역할을 정한다.)

8. 드웰링(Dwelling) 나누기

'드웰링'은 둘씩 짝을 정하여 한 주 동안 그 지체를 위해서 기도하고 챙겨준 뒤 다음 주 모임에서 그 지체를 향해 하나님께서 주신 마음과 말씀 등을 모든 소그룹원들에게 말해주는 것이다.

인도자 가이드 |

'드웰링(거주, 임재)'은 하나님이 우리 소그룹 안에 거하시며 우리는 그의 성전이라는 사실을 확인하고, 서로에게 하나님을 인식시키는 영적 세움과 나눔이다. 소그룹 모임 초반에 자신의 삶에 대해 이야기하면서 더불어 '나는 이번 주에 누구의 드웰링을 해주었는데, 하나님께서 그 지체를 향해 이런 마음을 가지고 계신 것 같았어', 혹은 '드웰링 형제를 위해서 기도하는데 어떤 말씀 구절이 떠올랐어. 그래서 지금 읽어 주려고 해' 등으로 나누는 것이다. 이것을 통해서 한 주 동안 서로 영적인 교제를 나누게 되고, 새로 온 친구도 이 모임이 하나님이 임재하시는 모임이라는 사실을 인식할 수 있게 된다.

9. 다음 주에 진행될 2과를 미리 읽어보고 말라기 개관을 개인적으로 예습해 오도록 하자.

|관점 얻기|

'Community of Practice(학습공동체)'의 약자인 CoP는 경영학 용어로 회사를 경영함에 있어 일부 경영진만이 아이디어를 내는 것을 지양하고 모든 사원들이 회사 경영에 참여하게 하여 그에 따른 성과급을 지급하는 형식의 회사 경영 방식이다.

CoP는 공유된 목적(shared enterprise)을 추구하기 위해 실천(practice), 신념(beliefs), 그리고 이해(understand) 등을 오랜 기간 함께 나눈 개인들이 특정 주제에 대한 관심과 열정을 공유하는 것이며 나아가 상호 작용을 기반으로 해당 주제에 대한 이해와 지식의 깊이를 심화시키는 것이다(Sasha A. Barab and Thomas Duffy, From Practice Fields to Communities of Practice, NJ: Lawrence Erlbaum Associates, 2000).

이것을 사역의 한 방침으로 청년 공동체에 적용함으로 청년들의 주도적이며 적극적인 사역 참여를 유도할 수 있다. 구체적으로 말해 CoP는 1년을 4달씩 세 텀으로 나누어 사역할 때 매 텀 처음에 실시하는 소그룹 기획 회의와 같은 것이다.

이때 각 소그룹의 공동체성을 강화하기 위해 소그룹의 기능이자 목적인 예배, 양육, 전도, 교제의 범주로 그 분석과 계획이 이루어지게 한다. 그리고 이번 텀에 대한 아이디어를 다양하게 나누고 그중에서 텀의 목적을 하나 정한 뒤 그 목적을 달성하기 위한 전략을 두세 가지 정도 정한다.

전적으로 소그룹원들이 의논하여 결정하는 것은 물론 넉 달 동안 구체적인 스케줄링을 해서 소그룹 모임마다 활용하도록 한다. CoP는 작성 후 소그룹 간에 서로 나누는 시간을 갖는 것이 중요한데, 이는 서로의 아이디어를 참조함으로 사역적인 고민들을 해결하는 데 도움이 되기 때문이다.

|청년 자기 체크리스트|

아래의 체크리스트를 가지고 오늘 소그룹 모임에 임한 자신의 태도를 충분히 점검해 보라.

	점검 사항	5	4	3	2	1
준비 및 예습	본 과를 준비하면서 충분히 예습은 하였는가?					
	각 과의 분명한 목적은 알고 모임에 임했는가?					
	성령께서 나를 만지시도록 기도로 준비하였는가?					
	소그룹원들을 위해서 중보하였는가?					
	리더를 위해서 중보하였는가?					
	나를 변화시키실 하나님을 기대하는 마음으로 임했는가?					
참여 및 자세	적극적으로 질문과 대답에 참여했는가?					
	정직하게 자신을 보여주었는가?					
	지체들의 이야기에 사랑의 마음으로 공감적 경청을 하였는가?					
	모임 중 성령의 인도하심을 계속적으로 구했는가?					
	하나님께서 원하시는 것이 무엇인지 분명히 알았는가?					
	발견한 진리를 삶과 인격에 적용하기로 결단했는가?					
	이번주에 중보할 지체를 발견했는가?					
적용 및 결단	자신의 적용이 삶과 인격에 변화를 가져올 만큼 구체적인가?					
	배운 내용이 삶의 상황에 분명히 적용되었는가?					
	소그룹 모임에 대한 만족감이 있었는가?					
	배운 내용을 분명하게 정리했는가?					
	이번 과의 주제와 목적을 분명히 알게 되었는가?					
	삶과 인격의 변화를 위해 기도할 준비가 되어 있는가?					
평가	이번주 총점					

"그러므로 내 사랑하는 형제들아 견실하며 흔들리지 말고 항상 주의 일에 더욱 힘쓰는 자들이 되라 이는 너희 수고가 주 안에서 헛되지 않은 줄 앎이라" (고전 15:58)

- 이번주 생일 맞은 사람은?
- 이번주 소그룹 특이 사항은?
- 다음주 행사는?
- 다음주 전도할 대상은?
- 이번 달 암송 구절과 필독서는?

2과
어떻게 말라기를 볼 것인가?

우리는 종종 나무는 보고 숲은 보지 못한다.
그러나 숲에서 나무만 보면 길을 잃고만다.
성경도 마찬가지이다.
성경의 협소한 부분만을,
그것도 자신의 기호에 따라 알고 있으면
전체적인 의미를 이해하지 못해
결과적으로는 자의적 해석에 빠질 우려가 있다.
그것이 성경을 공부하는 데 있어
우리가 간과할 수 있는 숲을 보지 못하는 실수일 것이다.
따라서 말라기서를 구체적으로 공부하기 전에
말라기서 전체에 대한 이해가 필요하다.
이는 말라기서 곳곳에 기록된 하나님의 마음을 읽는 데
중요한 길라잡이가 될 것이다.

말씀 암송 | 요한복음 1장 12절

영접하는 자 곧 그 이름을 믿는 자들에게는 하나님의 자녀가 되는 권세를 주셨으니

|다가서기|

1. 드웰링(Dwelling) 나누기

인도자 가이드 |

지난 한 주 동안 드웰링 짝을 위해 기도하면서 깨닫게 하신 마음, 세움의 말씀, 기억나게 하신 말씀 등을 소그룹원들 앞에서 그 지체에게 말해 주게 하되 자연스럽게 일주일의 삶을 나누며 진행하도록 한다. 이를 통해 소그룹이 단지 삶을 나누고 교제하는 모임이 아니라 하나님께서 우리 안에 거하심을 깨닫게 하고, 형제를 영적으로 세워주는 데 그 목적이 있음을 인식시킨다.

2. 구약과 신약의 차이점에 대해서 아는가? 그것이 무엇이라고 생각하는지 자신의 의견을 말해보고, 구약의 마지막 책인 말라기에 대해서도 나누어 보자.

인도자 가이드 |

구약은 '오실' 메시아에 대한 이야기이며, 신약은 '오신' 메시아에 대한 이야기이다. 구약과 신약은 둘 다 메시아에 초점이 맞춰져 있으며, 따라서 말라기도 결국 예수 그리스도와 연결된다는 것을 알아야 한다.

|깊이 보기|

3. '말라기'라는 제목의 유래에 대해 조사해 온 것을 간략히 발표해 보라.

인도자 가이드 |

'말라기(יִכָאְלַמ)'는 저자의 이름 '말라기(Malachi or Malachias)'를 그대로 사용한 것이다. 히브리어 '말라기'는 '나의 사자'라는 뜻으로, '여호와의 사자'라는 뜻의 '말라키야'의 축약형이다. 기독교 구약성경의 소선지서 가운데 마지막 책으로, 천주교에서는 '말라키'라고 한다.

4. 말라기의 저자는 누구인가?

인도자 가이드 |

저자 '말라기'를 익명의 선지자에 대한 호칭으로 보려는 경향이 다소 있지만 대다수는 말라기를 본서 저자의 실제 이름으로 인정한다.

5. 말라기의 수신자는 누구인가?

인도자 가이드 |

B.C 5세기 말경의 이스라엘 백성들을 일차 대상으로 하는 듯하다. 당시 이스라엘 백성들은 기대하던 메시아 왕국의 도래가 자신들의 당대에 이루어지지 않음으로 인해 신앙적 회의에 빠져 있었다. 그래서 인본주의적 안일과 세속적 만족만을 구하는 삶에 몰두한 채 선민으로서의 정체성을 상실한 상태였다.

6. 아래의 표를 참고하여 말라기의 기록 연대를 확인하라.

포로시대 전		포로시대	포로시대 후
이스라엘	**앗수르**	**포로중유대**	**예루살렘에 있는 유대인**
호세아 아모스	요나 나훔	다니엘 에스겔	학개 스가랴 말라기
유다	**에돔**		
예레미야 하박국 미가 스바냐 이사야 예레미야애가 요엘	오바댜		

인도자 가이드 |

본서의 기본 배경이 느헤미야서와 매우 유사한 점으로 미루어 보아 에스라나 느헤미야와 같은 시대, 곧 3차에 걸친 바벨론 포로 귀환이 완료되고 예루살렘 성전 재건과 성곽 수축 등 일단의 재건 공사들이 끝날 때 즈음인 것으로 추정된다. 당시는 외형적으로는 신정 국가로서의 면모를 어느 정도 갖춘 대략 BC 432년경으로, 말라기는 이 시기에 기록된 것으로 보인다.

7. 말라기 전체의 대략적 구조를 살펴보고 숙지하라.

1:1~5 | 표제어와 제 1예언 :
저자와 수신자 소개 및 여호와의 선민 사랑과 서론적 예언

1:6~14 | 제 2예언 전반부 :
종교 지도자들의 여호와 모독죄에 대한 지적과 경고

2:1~9 | 제 2예언 후반부 :
언약적 관점에서의 타락한 종교 지도자들에 대한 경고

2:10~16 | 제 3예언 :
우상 숭배자와 통혼한 자에 대한 경고와 이혼 금지 명령

2:17~3:6 | 제 4예언 :
언약의 사자의 도래와 연단 후 하나님의 백성에 대한 공의의 심판 예고

3:7~12 | 제 5예언 :
이스라엘 백성의 만성적 규례 위반(십일조와 헌물)에 대한 준수 촉구

3:13~4:3 | 제 6예언 :
심판의 유보와 불신앙 지적, 그리고 종말적 선악의 구별과 심판의 실현 선포

4:4~6 | 첨부 종결문 :
율법 준수 촉구와 메시아에 앞선 엘리야 탄생 예언

8. 말라기의 전체 주제는 무엇이라고 할 수 있는가?

인도자 가이드 |

영적 무감각과 신앙적 회의에 빠진 이스라엘 백성을 향한 회개 촉구

9. 말라기가 기록된 문체의 특징은 무엇인가?

인도자 가이드 |

타락과 방종에 대한 직설적인 지적과 문답식의 대화 전개

10. 말라기의 역사적 의미를 생각해 보라.

인도자 가이드 |

말라기는 이제 곧 도래할 신약 시대, 곧 그리스도의 초림을 준비하는 구약의 마지막 책이다. 따라서 메시아를 맞이하는 데 어떤 준비들이 필요한지에 대한 지혜를 얻을 수 있다.

11. 지금까지 배운 말라기의 전체 내용을 자신의 말로 정리해 보라.

인도자 가이드 |

이스라엘 백성들은 하나님에 대한 백성으로서 거룩한 삶을 살아야 했음에도 메시아의 도래가 생각처럼 속히 이루어지지 않자 타락과 방종의 길을 걷게 되었다. 이에 선지자는 신앙적 회의와 영적 무감각에 빠진 그들의 타락한 생활과 예배를 지적하고 임박한 메시아의 도래를 준비할 것을 촉구하고 있다. 여기에서 우리는 메시아의 도래를 기다리는 자로서 무엇을 준비해야 하며, 어떻게 살아야 하는지에 대한 성경적 가르침을 얻을 수 있다.

|다짐하기|

12. 말라기서를 깊이 들여다보기 전에 소그룹원들과 함께 본서 전체를 소리 내어 읽어보는 시간을 가지라. 그리고 개인적으로 말라기를 공부할 계획을 세우고 서로 나누어 보라.

인도자 가이드 |

GBS(Group Bible Study)는 개인 성경공부인 PBS(Personal Bible Study)와 스스로 성경 본문에 대해 친숙해지는 시간을 가짐을 통해 그 효과가 극대화될 수 있음을 숙지시킴으로 소그룹원들과 공부에 대한 각오를 나누도록 한다.

13. 이번 주에도 역시 드웰링 짝을 정하여 한 주 동안 그를 위해 중보하고 여러모로 돕는 삶을 작정하도록 하라.

|관점 얻기|

말라기서의 기본 이해

말라기는 에스라나 느헤미야와 같은 시대, 곧 세 번의 바벨론 포로 귀환이 완료되고 성전 재건과 성벽 수립이 끝난 상황에서 선포된 말씀이다.
BC 537년경 스룹바벨과 여호수아 등의 지도자에 의한 1차 포로 귀환이 있었으나 아직 성전 재건을 시작하지 못하다가 BC 520년 바사 제국의 다리오 왕에 의해 비로소 재건이 시작되었고, 학개와 스가랴 선지자의 독려를 통해 BC 516년 마침내 완수되었다.

성전 재건이 완공된 후 학사 겸 제사장인 에스라가 예루살렘에 도착했고, 그 후에 느헤미야가 도착하게 되는데, 말라기는 에스라와 느헤미야가 예루살렘에 도착하기 직전, 혹은 그들이 하나님의 사역을 진행하고 있을 때 활동한 것으로 보인다.

외형적으로는 신정 국가로서의 면모를 어느 정도 갖추었지만, 정치적으로는 극히 부분적인 자치권만 보장된 상태에서 바사 제국의 통제력 부족으로 주변으로부터 공격과 약탈을 당했다.
농경지는 황폐하게 되었고, 사회 경제 시설은 미비했으며, 계속되는 가뭄과 빈발하는 병충해로 포로 귀환자들의 삶은 비참 그 자체였다.

이런 상황에서 제사장들은 백성들이 하나님께 바친 제물들을 빼돌리고 좋은 제물을 가로채는 일들을 자행했고, 백성들에게는 거의 우상숭배에 가까운 혹세무민(惑世誣民)과 기복 신앙적 행태를 조장했다. 그뿐 아니라 가정적으로도 혼란해져 남자들이 이스라엘 아내와 이혼하고 이방인 여자와 결혼하는 일들이 벌어졌으며 그 사이에 태어난 혼혈아의 경우 이방 언어는 곧잘 사용하나 정작 히브리어는 한 자도 쓸 줄 모르는 어처구니없는 상황이 초래되기도 하였다.

그런 상황에서 하나님은 말라기를 통해 이 구약의 마지막 시간에 하나님의 말씀으로 돌아갈 것을 선포하게 하신 것이다.

|청년 자기 체크리스트|

아래의 체크리스트를 가지고 오늘 소그룹 모임에 임한 자신의 태도를 충분히 점검해 보라.

점검 사항		5	4	3	2	1
준비및예습	본 과를 준비하면서 충분히 예습은 하였는가?					
	각 과의 분명한 목적은 알고 모임에 임했는가?					
	성령께서 나를 만지시도록 기도로 준비하였는가?					
	소그룹원들을 위해서 중보하였는가?					
	리더를 위해서 중보하였는가?					
	나를 변화시키실 하나님을 기대하는 마음으로 임했는가?					
참여및자세	적극적으로 질문과 대답에 참여했는가?					
	정직하게 자신을 보여주었는가?					
	지체들의 이야기에 사랑의 마음으로 공감적 경청을 하였는가?					
	모임 중 성령의 인도하심을 계속적으로 구했는가?					
	하나님께서 원하시는 것이 무엇인지 분명히 알았는가?					
	발견한 진리를 삶과 인격에 적용하기로 결단했는가?					
	이번주에 중보할 지체를 발견했는가?					
적용및결단	자신의 적용이 삶과 인격에 변화를 가져올 만큼 구체적인가?					
	배운 내용이 삶의 상황에 분명히 적용되었는가?					
	소그룹 모임에 대한 만족감이 있었는가?					
	배운 내용을 분명하게 정리했는가?					
	이번 과의 주제와 목적을 분명히 알게 되었는가?					
	삶과 인격의 변화를 위해 기도할 준비가 되어 있는가?					
평가	이번주 총점					

"그러므로 내 사랑하는 형제들아 견실하며 흔들리지 말고 항상 주의 일에 더욱 힘쓰는 자들이 되라 이는 너희 수고가 주 안에서 헛되지 않은 줄 앎이라" (고전 15:58)

- 이번주 생일 맞은 사람은?
- 이번주 소그룹 특이 사항은?
- 다음주 행사는?
- 다음주 전도할 대상은?
- 이번 달 암송 구절과 필독서는?

3과
어떻게 우리를 사랑하셨나이까?

말라기 1장 1~5절

우리가 흔히 생각하는 사랑은
감정이 없이는 생각할 수 없는 그런 사랑이다.
그러나 성경은 사랑이란 감정 없이도 할 수 있는 것이며,
또 행동으로 사랑의 감정을 다스리라고 말한다.
고린도전서 13장에서 말하는 사랑에 대한 15가지 묘사는
모두 훈련을 통한 성숙한 인품에 대한 것이다.
여기서 사랑은 오래 참음으로 시작해서 견딤으로 끝난다.
이 말은 온전한 사랑은 시간이 필요하며,
노력과 인내가 요구된다는 의미이다.
이 과에서는 진정한 사랑,
곧 하나님의 사랑에 대해서 생각해 본다.
하나님이 우리를 사랑하시는 그 사랑은
과연 어떤 사랑인지 확인하는 시간을 갖도록 하자.

말씀 암송 | 요한복음 1장 12절

영접하는 자 곧 그 이름을 믿는 자들에게는 하나님의 자녀가 되는 권세를 주셨으니

|다가서기|

1. 이번 주 드웰링을 모든 소그룹원들 앞에서 나눔으로 공동체 가운데 거하시는 하나님을 드러내고, 형제를 세워주는 시간을 가지라.

인도자 가이드 |

소그룹원들이 돌아가며 삶을 나누는 첫 시간에 지난주에 드웰링 짝이었던 사람들에 대해 기도하며 받은 마음이나 말씀도 함께 이야기하도록 한다. 이를 통해 우리가 함께 지어져 가는 하나님의 성전임을 인식하고, 형제를 영적으로 세워주는 시간을 갖게 된다. 서로를 위해 기도하면서 받은 마음이나 말씀을 나눌 때 모두 큰 감동과 사랑을 경험하게 될 것이다.

2. 하나님께서 당신을 사랑하신다고 생각하는가? 그 이유가 무엇인가? 그렇게 생각하지 않는다면 그 이유는 무엇인지 나누어 보자.

인도자 가이드 |

머리로만 아는 사랑이 아니라 전인격이 실존적으로 하나님의 사랑을 알고 있는지 확인하는 작업이 되게 하라.

|깊이 보기| 말라기 1장 1~5절

소선지서의 마지막 열두 번째 책인 동시에 구약의 마지막 정경인 말라기는 메시아의 선구자로 엘리야가 먼저 올 것을 예고하면서 끝맺음으로 구약과 신약의 가교(架橋) 역할을 한다. 말라기에는 총 6개의 예언과 8개의 하나님을 향한 반문(反問)이 등장하는데, 오늘 본문이 바로 그 첫 번째 반문과 예언이다.

3. 말라기의 내용은 한마디로 '말씀으로 돌아가자'는 것이다. 그 근거에 대해 말라기는 무엇이라고 선포하고 있는가?(2절 상반절)

말씀 살피기 |

여호와께서 이르시되 내가 너희를 사랑하였노라 하나 너희는 이르기를 주께서 어떻게 우리를 사랑하셨나이까 하는도다 나 여호와가 말하노라 에서는 야곱의 형이 아니냐 그러나 내가 야곱을 사랑하였고(말 1:2)

인도자 가이드 |

하나님의 말씀의 선포는 징계나 심판이 아니라 사랑에 근거한다. 사랑하기 때문에 이스라엘 백성들에게 말씀으로 돌아가라고 하시는 것이다.

4. 하나님이 우리에게 '무엇을 하라', 혹은 '하지 말라'고 하시는 이유가 우리를 사랑하시기 때문이라는 말에 당신은 동의하는가? 그것이 어떻게 하나님의 사랑에 근거한 것인지 실례를 들어보라.

인도자 가이드 |

예를 들어 나의 부모님은 나를 사랑하시기 때문에 나에게 항상 공부하라고 말씀하시는 것과 같다. 사랑하지 않으면 어떻게 되든 상관하지 않는다. 그러나 사랑하면 당연히 잘되는 길을 가르쳐 주려 할 것이고, 혹 잘못되는 길은 가지 못하도록 사랑하는 만큼이나 더 적극적으로 가르치려고 할 것이다.

5. 여호와의 말씀에 대한 이스라엘 백성들의 첫 번째 반문은 어떤 것인가?(2절 하반절) 이 반문의 의미는 무엇이라고 생각하는가?

① 주께서 진지는 드셨는지요?

② 성경을 어떻게 읽어야 합니까?

③ 주께서 어떻게 우리를 사랑하셨나이까?

④ 주님은 어떻게 생기셨습니까?

말씀 살피기 |

여호와께서 이르시되 내가 너희를 사랑하였노라 하나 너희는 이르기를 주께서 어떻게 우리를 사랑하셨나이까 하는도다 나 여호와가 말하노라 에서는 야곱의 형이 아니냐 그러나 내가 야곱을 사랑하였고(말 1:2)

인도자 가이드 |

이 말은 표현 그대로 '어떻게(How)'에 대한 질문이 아니라, 사랑하신다고 말씀은 하시지만 전혀 그 증거가 없다는 항변이다. 우리의 삶은 피폐하고 여전히 어렵고 고통스러운 문제가 많은데 어째서 우리를 사랑하신다고 말씀하시는가 하는 질문이다.

6. 이스라엘 백성들이 이렇게 반문한 이유는 무엇일까? 그 당시 시대적 상황(chapter 2 참고)을 생각해 보면서 답해 보라. 당신도 하나님께서 자신을 사랑하지 않는다고 생각한 적이 있는가? 그 이유는 무엇인가?

인도자 가이드 |

말라기는 세 번의 바벨론 포로 귀환이 완료되고 성전 재건과 성벽 수립이 끝난 상황에서 선포된 말씀이다. 당시 이스라엘은 주변으로부터 끊임없는 공격과 약탈을 당하고 있었고, 농경지는 황폐했으며, 가뭄과 병충해마저 심해 포로 귀환자들은 그야말로 비참한 삶을 살고 있었다. 그처럼 열악한 형편에 처하다보니 도무지 하나님의 사랑을 믿을 수가 없었던 것이다. 우리도 이처럼 우리의 형편과 하나님의 사랑을 비례적인 것으로 생각하는 기복적 신앙을 가지고 있지는 않은지 돌아보아야 한다. 그것은 곧 하나님이 나를 사랑하시면 이러 이러해야 한다는 기준을 세워놓고 신앙생활을 하고 있는 것이다. 하지만 때때로 어려운 형편을 허락하시는 것도 사실은 하나님이 우리를 사랑하시기 때문이라는 사실을 기억해야 한다.

7. 첫 번째 반문(백성들이 하나님께 한 질문)에 대한 하나님의 답변은 무엇인가?(2~3절)

말씀 살피기 |

여호와께서 이르시되 내가 너희를 사랑하였노라 하나 너희는 이르기를 주께서 어떻게 우리를 사랑하셨나이까 하는도다 나 여호와가 말하노라 에서는 야곱의 형이 아니냐 그러나 내가 야곱을 사랑하였고, 에서는 미워하였으며 그의 산들을 황폐하게 하였고 그의 산업을 광야의 이리들에게 넘겼느니라(말 1:2~3)

인도자 가이드 |

이 말씀의 의미는 하나님의 사랑은 언약에 근거한다는 것이다. 하나님께서는 당시 모든 기득권의 표상이었던 장자 에서를 미워하시고 차자 야곱을 사랑하심으로, 그들을 기반으로 하나님을 섬기는 거룩한 백성을 만드셨다는 것이다. 세상은 이스라엘을 미워해도 하나님은 언약하신 말씀 때문에 이스라엘을 사랑하셨다는 말씀이다. 하나님의 사랑의 근거는 결국 언약이다.

8. 하나님께서 야곱을 사랑하시고 에서를 미워하셨다는 말은, 하나님의 사랑은 감정이 아니라 언약에 근거한다는 말이다. 그 언약이 의미하는 것이 무엇인지 나누어 보라(참고. 창 25:23, 단 너무 예정론적 관점 [1)]에 집중하지 않도록 주의하라).

말씀 살피기 |

여호와께서 그에게 이르시되 두 국민이 네 태중에 있구나 두 민족이 네 복중에서부터 나누이리라 이 족속이 저 족속보다 강하겠고 큰 자가 어린 자를 섬기리라 하셨더라(창 25:23)

인도자 가이드 |

이 언약은 태어나기 전부터 한 사람은 사랑하고, 한 사람은 유기하기로 하신 하나님의 언약을 의미한다. 하나님은 사랑하기로 언약하셨기 때문에 어떠한 우리의 행위에도 그 사랑이 변하지 않음에 강조점이 있다.

---

1) 예정론은 인간의 구원이 인간 스스로의 자유 의지나 행위와 상관없이 하나님의 절대적인 결정에 의해서만 이루어진다는 사실에 근거한 교리로, 어떤 이들은 영벌에, 어떤 이들은 영생에 처하도록 되어 있다는 것이다. 교리의 특성상 많은 사람들로부터 공격을 받고는 있지만, 회고적 관점에서 예정론은 그리스도인들의 신앙을 돈독하게 하는 기능을 한다. 즉 개인이 하나님의 구원을 체험한 후 그 절대적인 하나님의 사랑을 회고적으로 고백하는 의미로 이해할 수 있는 것이다. 우리는 이런 예정론을 바탕으로 세상의 어떠한 고난과 시련 속에서도 하나님의 보호하심을 확신하고 견고한 믿음의 정체성을 형성해 나갈 수 있게 된다. 만약 예정론이 기독교의 기본 교리가 될 수 없다면 틀림없이 많은 그리스도인들이 시련을 만날 때 비관주의와 도피주의에 빠지게 될 것이고, 성도로서 진정한 믿음의 싸움을 해 나갈 수도 없게 될 것이다.

9. 사랑 그 자체이신 하나님께서 누군가를 미워하실 수 있다고 생각하는가? '하나님의 미움'과 '우리의 미움'을 비교하여 어떻게 서로 다른지 서로의 생각을 나누어 보라.

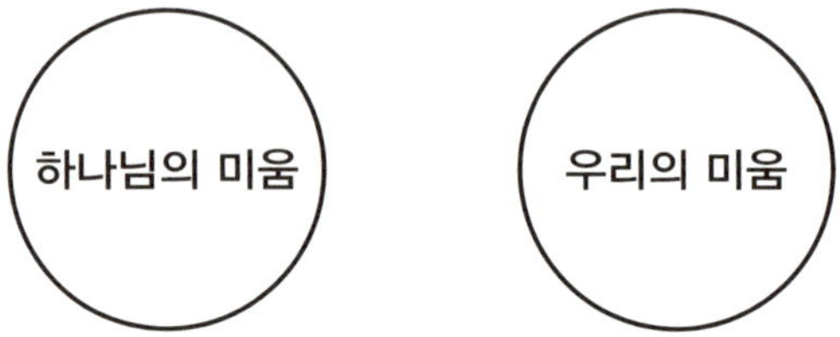

인도자 가이드 |

사람들은 미움 자체를 죄악시하기 때문에 하나님의 미움도 정말 미워하신 것이 아니라 덜 사랑하신 것으로 왜곡한다. 하지만 이 미움은 정말로 미워하신 것으로 그분의 본성인 '거룩함'에서 나온 미움이다. 하나님은 인간과 다르기 때문에 본연의 속성에서 나온 미움은 결코 죄가 될 수 없다. 하나님이 미워하시는 이유는 자신의 속성인 '거룩'에 위배되기 때문이다.

10. 우리의 미움은 과거와 사건에 근거하지만, 하나님의 미움은 자신의 거룩한 속성에 근거한다. 하나님은 그 거룩한 속성에 위배되는 것을 미워하시는 것이다. 내 삶 속에 하나님의 거룩한 속성에 위배되는 것은 무엇이 있는지 나누어 보자.

인도자 가이드 |

우리는 자신에게 해를 끼치거나 자신을 괴롭힌 어떤 사건 또는 대상을 미워한다. 하지만 하나님은 자신의 신적 속성인 거룩에 위배되는 것을 미워하신다.

우리는 자신에게서 그런 거룩함에 위배되는 것을 찾아내야 한다. 내 속에서 하나님이 기뻐하시는 것이 아니라 내가 기뻐하는 것을 찾으면 된다. 나의 기쁨은 물론 나의 생각, 말, 행동, 욕구 등 거룩함에 위배되는 것은 어떤 것이든 하나님의 미움의 대상이 됨을 기억해야 한다.

11. 우리에게는 분명 하나님의 속성에 위배되는 것들이 있다. 그럼에도 하나님은 우리를 사랑하신다. 그 이유가 무엇이라고 생각하는지 언약적 관점에서 설명해 보라.

인도자 가이드 |

하나님은 자신의 언약 때문에 우리를 사랑하신다. 하나님이 우리에게 하신 언약은 예수 그리스도로 말미암아 우리를 구원하시고, 영원한 기업을 상속하시겠다는 언약이다. 이 언약 때문에 하나님의 사랑은 결코 변할 수 없다. 우리가 어떤 큰 죄를 지어도 하나님은 당신의 언약으로 인해 여전히 우리를 사랑하신다. 그러므로 우리는 우리의 죄를 회개하며, 돌이키려고 노력해야 하는 것이다. 여기서 한 가지 분명히 알아야 할 것은 회개하고 돌이키는 것이 하나님이 우리를 사랑하시기 위한 전제 조건은 아니라는 점이다.

12. 우리도 삶 속에서 힘겨운 일을 만나면 '어떻게 하나님이 날 사랑하시나?'라고 질문할 수 있다. 하지만 하나님의 사랑은 삶의 개선이 아니라 언약으로 증명된다. 나를 향한 그 변하지 않는 복된 언약이 무엇인지 다음 구절들을 찾아 확인해 보라.

① 요 3:16 – 나를 사랑하심, 영생을 주심

말씀 살피기 |

하나님이 세상을 이처럼 사랑하사 독생자를 주셨으니 이는 그를 믿는 자마다 멸망하지 않고 영생을 얻게 하려 하심이라(요 3:16)

② 롬 8:1 – 결코 정죄함이 없음

말씀 살피기 |

그러므로 이제 그리스도 예수 안에 있는 자에게는 결코 정죄함이 없나니(롬 8:1)

③ 약 1:5 – 기도할 수 있음, 기도에 응답해 주심

말씀 살피기 |

너희 중에 누구든지 지혜가 부족하거든 모든 사람에게 후히 주시고 꾸짖지 아니하시는 하나님께 구하라 그리하면 주시리라(약 1:5)

④ 계 1:7 – 다시 오심

말씀 살피기 |

볼지어다 그가 구름을 타고 오시리라 각 사람의 눈이 그를 보겠고 그를 찌른 자들도 볼 것이요 땅에 있는 모든 족속이 그로 말미암아 애곡하리니 그러하리라 아멘(계 1:7)

⑤ 자신에게 주신 말씀

인도자 가이드 |

각자에게 주신 약속의 말씀을 하나씩 발표하게 하고 그 말씀을 의지하게 된 이유에 대해서도 나누게 하라.

|다짐하기|

13. 하나님의 사랑에 대한 감사의 마음을 표현해 보고, 하나님께서 우리에게 주신 구체적인 사랑의 증거가 무엇인지 소그룹원들에게 나누는 시간을 가지라.

> *감사의 편지
>
> *내게 주신 사랑의 증거

인도자 가이드 |

소그룹원들이 진솔하게 하나님의 사랑에 대한 감사의 마음을 글로 적어 읽고, 사랑의 증거들을 서로 나누는 시간을 가짐으로 오늘 배운 내용을 구체화하는 시간이 되게 하라.

14. 이번 주의 드웰링 파트너를 정하고 한 주간 그 지체의 삶 속에 하나님이 거하시는 증거가 드러나도록 기도하라.

인도자 가이드 |

두 명씩 짝을 지어 한 주 동안 서로를 위해 마음을 담아 기도한 뒤, 다음 모임 시 모든 소그룹원들 앞에서 그 형제를 향해 하나님이 주신 마음이나 말씀들을 나눔으로 형제를 세워주고, 이를 통해 우리의 모임 가운데 하나님이 계심을 드러내는 영적 나눔의 시간으로 삼으라.

|관점 얻기|

본문 쉽게 보기

1. 저자와 수신자를 명기한 표제어(1절)
2. 여호와의 무조건적, 선택적 선민 사랑(2~5절)

어떻게 사랑하셨나이까?

말라기에 처음 등장하는 반문은 2절의 "주께서 어떻게 우리를 사랑하셨나이까"라는 것이었다. 하나님이 지금 말라기를 통해 선포하시려는 것은 '말씀으로 돌아가자'는 것이다. 그러면서 하나님은 그 전제를 '그래야 산다'가 아니라 '내가 너희를 사랑한다'(2절)라고 말씀하신 것이다. 그런데 이에 대해 이스라엘 백성들은 '어떻게 사랑하셨나요?'라고 질문하고 있는 것이다. 이 질문은 어떻게 사랑하셨는지 그 방법을 묻는 것이 아니라, 여호와가 우리를 사랑하신다고 하시는데, 도대체 그 근거가 어디에 있는지를 묻는 질문이다.

야곱은 사랑하고, 에서는 미워하다?

하나님은 그 질문에 대해 "내가 야곱을 사랑하였고 에서는 미워하였으며"(2~3절)라고 답하신다. 이 대답의 의미는 하나님의 사랑은 감정이 아니라 언약에 근거한다는 것이다. 하나님께서는 당시 모든 기득권의 표상이었던 장자 에서를 미워하시고 차자 야곱을 사랑하심으로 그들을 기반으로 선민의 나라, 하나님을 섬기는 거룩한 백성을 만드셨다는 것이다. 그러면서 하나님께서 에서는 미워했다고 말씀하신다. 어떤 사람들은 '미움'이라는 말 자체를 죄악시하여 하나님이 에서를 정말 미워하신 것이 아니라 단지 덜 사랑하신 것이라고 왜곡하지만, 여기서 이 '미움'은 정말로 미워하신 것을 의미한다. 하나님은 인간과 다르기 때문에 그의 본성인 '거룩함'에서 나오는 미움은 죄가 될 수 없다. 즉 하나님이 미워하시는 이유는 자신의 신적 속성인 거룩에 위배되기 때문이라는 것이다.

에서의 경우 그것이 구체적으로 무엇이었는지는 알 수 없다. 하지만 역사를 통해 확인되는 것은 하나님의 백성, 하나님의 택하신 선민들을 넘어지게 했냐는 점이다. 에서의 후손인 에돔은 오랫 동안 이스라엘 백성들을 핍박했으며, BC 2세기에 이스라엘을 다스렸던 헤롯 왕도 바로 에돔의 이두매 족속이었다. 우리의 미움은 과거에 근거하지만, 하나님의 미움은 자신의 거룩한 속성에 근거하기 때문에 에서가 과거에 어떻게 한 것으로 인해 미워하시는 것이 아니라 그 거룩한 속성에 위배되는 것을 미워하신다는 말씀이다. 그래서 에돔 족속의 땅을 저주하셨다고 말씀하신다.

하나님의 사랑의 근거

에돔 족속도 척박한 땅에서 힘겹게 살고 있었지만, 포로 귀환 후 이스라엘 백성들의 상황도 사실 다를 게 별로 없었다. 그들 역시 저주받은 것처럼 힘들고 괴로운 생활을 하고 있었다. 그러니 '어떻게 하나님이 우리를 사랑하시는가'라고 질문했던 것이다. 우리도 마찬가지이다. 하나님을 믿는 사람도 힘들게 살 수 있고 하나님을 믿지 않는 사람도 힘들게 살 수 있다. 그러니 '하나님이 우리를 사랑하신 증거가 무엇이냐?'라고 질문할 수 있는 것이다. 하나님은 그런 우리에게 그 사랑의 근거는 삶의 개선이나 윤택함이 아니라 '언약'이라고 말씀하신다. 즉 우리를 택하시고 구원하셔서 영원한 나라의 기업이 되게 하시겠다는 그 언약이 하나님의 사랑의 진정한 근거가 된다는 말씀이다.

어떻게 우리를 사랑하셨나?

우리는 언제 하나님의 사랑을 의심하는가? 바로 '어떻게(How)..'의 질문이 생길 때이다. '어떻게 이럴 수가 있지, 어떻게 이런 일이 나에게 닥치도록 허락하신단 말이야?...' 하지만 하나님은 이미 우리에게 하실 수 있는 모든 '어떻게'의 방법을 다 사용하셔서 사랑하셨다. 그리고 앞으로 그 사랑의 결과가 어떻게 드러날지에 대해서도 말씀하셨다. 하나님의 '어떻게'는 바로 '예수 그리스도를 주심'이다. 더 이상의 '어떻게'는 없다. 그것을 근거로 삼아 하나님의 사랑을 깨닫고 확신하며 살아야 한다. 우리를 향한 하나님의 사랑은 우리 삶의 개선 여부가 아니라 하나님의 언약을 근거로 타진해야 하는 것이다. 하나님께서 우리를 위해 하나밖에 없는 자신의 아들을 주시고, 또한 우리를 영원히 하나님의 자녀로 삼으시고자 작정하신 이 언약이 우리를 사랑하시는 가장 확실한 증거다.

|청년 자기 체크리스트|

아래의 체크 리스트를 가지고 오늘 소그룹 모임에 임한 자신의 태도를 충분히 점검해 보라.

	점검 사항	5	4	3	2	1
준비 및 예습	본 과를 준비하면서 충분히 예습은 하였는가?					
	각 과의 분명한 목적은 알고 모임에 임했는가?					
	성령께서 나를 만지시도록 기도로 준비하였는가?					
	소그룹원들을 위해서 중보하였는가?					
	리더를 위해서 중보하였는가?					
	나를 변화시키실 하나님을 기대하는 마음으로 임했는가?					
참여 및 자세	적극적으로 질문과 대답에 참여했는가?					
	정직하게 자신을 보여주었는가?					
	지체들의 이야기에 사랑의 마음으로 공감적 경청을 하였는가?					
	모임 중 성령의 인도하심을 계속적으로 구했는가?					
	하나님께서 원하시는 것이 무엇인지 분명히 알았는가?					
	발견한 진리를 삶과 인격에 적용하기로 결단했는가?					
	이번주에 중보할 지체를 발견했는가?					
적용 및 결단	자신의 적용이 삶과 인격에 변화를 가져올 만큼 구체적인가?					
	배운 내용이 삶의 상황에 분명히 적용되었는가?					
	소그룹 모임에 대한 만족감이 있었는가?					
	배운 내용을 분명하게 정리했는가?					
	이번 과의 주제와 목적을 분명히 알게 되었는가?					
	삶과 인격의 변화를 위해 기도할 준비가 되어 있는가?					
평가	이번주 총점					

"그러므로 내 사랑하는 형제들아 견실하며 흔들리지 말고 항상 주의 일에 더욱 힘쓰는 자들이 되라 이는 너희 수고가 주 안에서 헛되지 않은 줄 앎이라" (고전 15:58)

- 이번주 생일 맞은 사람은?
- 이번주 소그룹 특이 사항은?
- 다음주 행사는?
- 다음주 전도할 대상은?
- 이번 달 암송 구절과 필독서는?

4과
어떻게 주의 이름을 멸시하였나이까?

말라기 1장 6~14절

예배에서 가장 중요한 요소는 무엇이라고 생각하는가?
이것이 빠지면 예배라고 할 수 없는 그런 것 말이다.
대개 말씀, 기도, 찬양, 봉헌 등이 떠오를 것이다.
그러나 성경 전체에서 말하는 예배의 핵심 가치는
바로 '열납됨'이다.
제아무리 다 갖추어도 하나님이 받지 않으시면
그것은 예배가 아닌 것이다.
그렇다면 열납의 가부를 결정하는 기준은 무엇일까?
이것을 제대로 알지 못하면
우리의 예배 역시 열납됨의 여부를 자신할 수 없지 않겠는가?
이번 과에서는 과연 무엇이
우리의 예배를 열납되지 못하게 하는지,
무엇이 하나님을 멸시하는 일인지 확인해 보도록 하자.

말씀 암송 | 요한복음 14장 21절

나의 계명을 지키는 자라야 나를 사랑하는 자니 나를 사랑하는 자는 내 아버지께 사랑을 받을 것이요 나도 그를 사랑하여 그에게 나를 나타내리라

|다가서기|

1. 한 주간의 삶 또는 영적인 깨달음과 함께 지난 일주일 동안 드웰링 파트너를 향해 하나님께서 주신 마음이나 말씀을 나누라.

인도자 가이드 |

드웰링은 소그룹 공동체가 하나님이 거하시는 전이라는 개념에 근거를 둔 사역이다. 한 주간 자신의 드웰링 파트너를 위해 진심으로 기도한 뒤 그를 향해 하나님께서 주신 마음이나 말씀을 모든 소그룹원들 앞에서 나누라. 그러는 중에 소그룹 모임 안에 거하시는 하나님을 경험하게 될 것이다.

2. 당신은 누군가로부터 멸시를 받아 본 적이 있는가? 어떤 경우에 그러했으며, 그때 당신의 마음은 어떠했는지 나누어 보라.

멸시(蔑視)

업신여길 멸(蔑), 볼 시(視)

....

....

|깊이 보기| 말라기 1장 6~14절

오늘 본문부터 2장 9절까지는 말라기의 여섯 개의 단편 예언 중 그 두 번째로, 부정한 제물로 여호와를 모독한 이스라엘 제사장들의 죄를 지적하는 내용을 담고 있다.

3. 본문 6절에 기록된 하나님의 질문과 제사장들의 대답이 무엇을 의미하는지 자신의 말로 정리해 보라.

말씀 살피기 |

내 이름을 멸시하는 제사장들아 나 만군의 여호와가 너희에게 이르기를 아들은 그 아버지를, 종은 그 주인을 공경하나니 내가 아버지일진대 나를 공경함이 어디 있느냐 내가 주인일진대 나를 두려워함이 어디 있느냐 하나 너희는 이르기를 우리가 어떻게 주의 이름을 멸시하였나이까 하는도다(말 1:6)

인도자 가이드 |

하나님은 제사장들의 지속적이고 의도적인 불공경과 경외하지 않음을 지적하고 계시지만, 정작 제사장 자신들은 잘못을 전혀 모르고 있다는 것이다.

4. 여기서 말하는 '멸시'는 단순한 실수나 우발적인 것이 아니라 지속적이고 의도적인 것을 의미한다. 그것을 7절에서는 무엇이라고 설명하고 있는가?

말씀 살피기 |

너희가 더러운 떡을 나의 제단에 드리고도 말하기를 우리가 어떻게 주를 더럽게 하였나이까 하는도다 이는 너희가 여호와의 식탁은 경멸히 여길 것이라 말하기 때문이라(말 1:7)

인도자 가이드 |

제사장들은 여호와께 드리는 예배에 '더러운 떡', 곧 제사에 사용할 수 없는 부적합한 떡을 드렸다. 하나님은 이에 대해 제사장들이 바쁘다보니 실수한 것이 아니라 그들 스스로가 '여호와의 제사는 경멸히 여겨도 돼'라고 말하며 의도적으로 죄를 범한 것이라고 지적하신다.

5. 제사장들이 더러운 떡을 여호와의 제단에 드린 이유를 무엇이라고 설명하고 있는가?(7절 하반절)

말씀 살피기 |

너희가 더러운 떡을 나의 제단에 드리고도 말하기를 우리가 어떻게 주를 더럽게 하였나이까 하는도다 이는 너희가 여호와의 식탁은 경멸히 여길 것이라 말하기 때문이라(말 1:7)

인도자 가이드 |

생활이 어려워서도 아니고, 너무 분주해서도 아니다. 그들 자신이 여호와께 드리는 제사를 중요하게 생각하지 않았기 때문에 더러운 제사를 드린 것이다. 우리도 살다보면 힘들 때가 많이 있다. 그런 때는 예배를 드린 것만으로도 잘한 것이라고 스스로 생각하기 쉽다. 그러나 하나님은 그것에 대해 예배를 경멸히 한 것, 더 정확히는 여호와를 경멸한 것이라고 말씀하신다.

6. 제사에 사용되는 것들은 대부분 예수 그리스도를 상징한다. 제단의 떡 역시 예수님을 상징하는데(막 14:22, 요 6:33~35, 고전 10:16),

이 떡을 더럽게 했다는 말은 구체적으로 누구를 멸시했다는 뜻인가? 우리의 예배에 대한 태도 중 떡 되신 예수님을 멸시하는 것에는 어떤 것이 있을까?

말씀 살피기 |

그들이 먹을 때에 예수께서 떡을 가지사 축복하시고 떼어 제자들에게 주시며 이르시되 받으라 이것은 내 몸이니라 하시고(막 14:22)

하나님의 떡은 하늘에서 내려 세상에 생명을 주는 것이니라 그들이 이르되 주여 이 떡을 항상 우리에게 주소서 예수께서 이르시되 나는 생명의 떡이니 내게 오는 자는 결코 주리지 아니할 터이요 나를 믿는 자는 영원히 목마르지 아니하리라(요 6:33~35)

우리가 축복하는 바 축복의 잔은 그리스도의 피에 참여함이 아니며 우리가 떼는 떡은 그리스도의 몸에 참여함이 아니냐(고전 10:16)

인도자 가이드 |

구약의 제사에서 특히 떡은 예수 그리스도를 의미한다. 그러므로 말라기에서 말하는 '더러운 떡'은 예수 그리스도의 생명 주심에 대한 경멸을 상징한다. 이런 관점으로 오늘날 우리의 예배를 진지하게 살펴볼 필요가 있다. 우리가 예배를 간편하게 드리려고 할 때, 무조건 참석만 하면 예배를 드린 것으로 간주할 때, 바쁘면 예배는 빠질 수도 있다고 생각할 때 그것이 더러운 떡을 하나님께 드리는 것과 다름없는 것이다.

7. 본문 8절에서는 제사장들이 하나님을 멸시한 것을 어떻게 묘사하고 있는지 자신의 말로 정리해 보라. 이는 오늘날 우리의 예배 태도 중 어떤 것들에 해당될까?

말씀 살피기 |

만군의 여호와가 이르노라 너희가 눈먼 희생제물을 바치는 것이 어찌 악하지 아니하며 저는 것, 병든 것을 드리는 것이 어찌 악하지 아니하냐 이제 그것을 너희 총독에게 드려 보라 그가 너를 기뻐하겠으며 너를 받아 주겠느냐(말 1:8)

인도자 가이드 |

눈먼 희생제물과 저는 것, 병든 것은 모두 여호와께 드리는 예배를 대수롭지 않게 생각한 그들의 모습을 반영하는 것이다. 제사에 사용되는 온전한 예물은 온전하신 하나님을, 정결한 예물은 정결하신 하나님을 드러내게 하는 역할을 한다. 그런데 그들은 눈먼 것, 저는 것, 병든 것을 드림으로 하나님을 눈멀고, 다리 절며, 병든 분으로 취급해 버린 것이다.

오늘날 우리 예배의 필수요소는 예수님께서 말씀하셨던 것처럼 '영과 진리' 곧 성령과 진리의 말씀으로 드리는 것이다. 그런 측면에서 볼 때 자기 열심으로 드리는 예배 또는 양심적·도덕적·종교적 예전만 있을 뿐 전혀 말씀에 집중하지 않는 예배는 눈먼 것, 저는 것, 병든 것을 하나님께 드리는 것과 같다고 할 수 있다.

8. 결정적으로 그들이 드리는 예배가 더러운 떡이 되고, 흠이 있는 것이 된 이유가 무엇이라고 기록하고 있는가?(12~13절) 그 이유를 당시의 사회적 상황을 고려하여 생각해 보라(사 29:13).

말씀 살피기 |

그러나 너희는 말하기를 여호와의 식탁은 더러워졌고 그 위에 있는 과일 곧 먹을 것은 경멸히 여길 것이라 하여 내 이름을 더럽히는도다 만군의 여호와가 이르노라 너희가 또 말하기를 이 일이 얼마나 번거로운고 하며 코웃음치고 훔친 물건과 저는 것, 병든 것을 가져왔느니라 너희가 이같이 봉헌물을 가져오니 내가 그것을 너희 손에서 받겠느냐 이는 여호와의 말이니라(말 1:12~13)

주께서 이르시되 이 백성이 입으로는 나를 가까이하며 입술로는 나를 공경하나 그들의 마음은 내게서 멀리 떠났나니 그들이 나를 경외함은 사람의 계명으로 가르침을 받았을 뿐이라(사 29:13)

인도자 가이드 |

그들이 실제로 가지고 온 형편없는 제물보다 사실은 그들의 마음이 더 큰 문제였다. 그들은 스스로 '여호와의 식탁은 더러워졌고', '먹을 것은 경멸히 여길 것'이며, '이 일이 얼마나 번거로운가' 하면서 코웃음쳤기 때문이다. 그래서 더러운 떡과 훔친 것, 저는 것, 병든 것을 가져다 제사에 드린 것이다. 하나님은 우리의 마음을 원하신다. 형식이나 행위보다 먼저 우리의 마음이 하나님께 예배하기를 원하시는 것이다.

9. 오늘 우리의 삶과 예배 가운데 이런 부분(12~13절)은 없을까? 하나님이 나의 예배를 받지 못하실 것 같은 이유들을 구체적으로 찾아보고 서로 나누라.

인도자 가이드 |

예배를 드릴 때 중심이 아니라 겉모습에만 치중하여 차림새에 과하게 신경 쓴다든지 혹은 바쁜 일 때문에 예배를 귀찮게 여긴 때는 없었는지 구체적으로 점검할 수 있도록 돕는다.

10. 말라기에서 발견할 수 있는 예배의 원칙은 '최선'과 '구별'이다. 이런 예배의 원칙이 무너지자 결국 하나님은 400년 동안 어떠한 말씀으로도 당신의 백성들을 만나주지 않으셨다. 이에 대한 하나님의 결론을 확인해 보라(10절).

말씀 살피기 |

만군의 여호와가 이르노라 너희가 내 제단 위에 헛되이 불사르지 못하게 하기 위하여 너희 중에 성전 문을 닫을 자가 있었으면 좋겠도다 내가 너희를 기뻐하지 아니하며 너희가 손으로 드리는 것을 받지도 아니하리라(말 1:10)

인도자 가이드 |

더럽고 경멸스러운 예배에 대한 하나님의 결론은 아무도 예배드리지 못하도록 성전 문을 닫아줄 사람을 찾는 것이었다. 물론 이 말은 그들로 하여금 정말 예배를 드리지 못하게 하시려는 것이 아니라 그 정도로 하나님은 잘못된 예배에 대해 엄격하시다는 것을 간곡하게 표현하신 것이다. 리더는 이 하나님의 마음이 소그룹원들에게 고스란히 전달되도록 도우라.

11. 본문 10절에는 그릇된 예배에 대한 하나님의 마음이 그대로 담겨 있다. 당신이 드리는 예배에 대해 하나님은 어떤 마음을 가지고 계실지 생각해본 뒤 진솔하게 나누라(요 4:24).

말씀 살피기 |

하나님은 영이시니 예배하는 자가 영과 진리로 예배할지니라(요 4:24)

인도자 가이드 |

이 질문을 통해 소그룹원들 각자 자신의 예배를 돌아보게 하라. 하나님을 하나님 되게 하는 예배에 소홀한 자신의 마음과 태도 때문에 본의 아니게 하나님의 마음을 아프게 하고 있지는 않은지 살펴보도록 도우라.

12. 그러나 마지막 날에는 이 모든 예배가 회복될 것이라고 말씀하신다. 11절 말씀을 당신의 말로 풀어 설명해 보라.

말씀 살피기 |

만군의 여호와가 이르노라 해 뜨는 곳에서부터 해지는 곳까지의 이방 민족 중에서 내 이름이 크게 될 것이라 각처에서 내 이름을 위하여 분향하며 깨끗한 제물을 드리리니 이는 내 이름이 이방 민족 중에서 크게 될 것임이니라(말 1:11)

인도자 가이드 |

마지막 날은 곧 여호와께 드리는 예배가 회복되는 날이다. 그날에는 여호와의 이름에 합당한 깨끗한 제물을 드리게 될 것이라고 말씀하신다. 그리고 이스라엘이 아닌 이방 민족 중에서 그런 일들이 있을 것이라고 말씀하심으로 구약의 마지막 책을 닫으신다. 결국 인류의 역사란 예배로 시작해서 예배로 끝나는 것이다. 우리의 인생도 처음부터 끝까지 하나님께 합당한 예배가 되어야 한다.

|다짐하기||

13. 자신의 예배 모습 가운데 혹시 하나님을 멸시하는 것이라고 생각되는 부분이 있다면 구체적으로 적어 보라. 그리고 그런 것들을 어떻게 고쳐 회복해나갈지 서로의 결단을 나누어 보라.

인도자 가이드 |

예배에 대한 불성실한 준비, 분주함, 지각, 잦은 예배 결석, 습관적인 예배, 정직하지 못한 십일조, 예배 관람 등 자신의 모습을 솔직하게 돌아보도록 하라.

14. 다음 주 드웰링 파트너를 정하고 한 주간 중보하기로 다짐하라.

인도자 가이드 |

드웰링을 매주의 습관으로 삼으라.

|관점 얻기|

본문 쉽게 보기

1. 여호와 멸시의 관행과 무감각(6절)
2. 부정한 제물로 인한 모독과 그 소행의 악함에 대한 논증(7~9절)
3. 여호와의 선민 혐오와 제사 열납 거부 선언 및 이방의 여호와 경외 예언(10~11절)
4. 선민의 여호와 모독 및 거부의 정당성, 주권자로서의 저주 경고 (12~14절)

예배에 대한 영적 무감각

본문은 부정한 제물로 여호와를 모독한 제사장들의 죄를 지적하는 내용이다.

하나님께서 "내가 아버지일진대 나를 공경함이 어디 있느냐 내가 주인일진대 나를 두려워함이 어디 있느냐?"(6절)라고 질문하시자 제사장들은 "우리가 어떻게 주의 이름을 멸시하였나이까?"라고 답한다. 여기서 멸시한다는 것은 어떤 단순한 실수나 우발적인 것이 아니라 지속적이고 의도적인 것을 말한다.

문제는 하나님께서 그들에 대해 자신을 멸시한다고 말하고 있지만 정작 제사장들은 자신의 죄를 모르고 있다는 것이다.

더러운 예배가 되어 버린 이유

하나님께 드리는 제사, 예배에서 가장 중요한 원칙은 바로 '최선'과 '구별'이다. 그런데 그들은 쓸모없는 것, 좋지 않은 것만 골라 하나님께 드림으로 아주 노골적으로 여호와를 경멸했다(7절).
당시는 정치적·경제적으로 극도로 어렵고 힘든 시기였다.
그런 상황에서도 그들은 하나님께 예배를 드렸다. 아예 예배를 안 드린 것이 아니었다. 그렇다면 오히려 칭찬을 해 주셔야 하지 않을까? 하지만 하나님은 그들이 예배를 통해 자신을 멸시한다고 말씀하신다. 그것은 하나님께 드리는 예배의 핵심이 의식적인 행위가 아니라 진실한 마음의 자세에 있기 때문이다. 예배는 성령과 진리로 드려야 하는 것이다.

결정적으로 그들이 드린 예배가 더러운 떡이 된 이유는 12절에 등장하는 그들의 대화를 통해 드러난다. 그들은 서로 '하나님께 드리는 예배는 아무 소용이 없어. 아무리 정성껏 드려봐야 아무 일도 일어나지 않아. 봐, 우리의 형편을... 그러니 대충 드려도 돼'라고 말하고 있다. 사실 하나님의 예배를 더럽힌 것이 자신들임에도 그 사실은 알지 못하고, 오히려 예배에 대해 부정적으로 비판하고 있다.
더 나아가 13절에서는 이제 예배는 번거로운 것이 되어 버렸다고까지 말한다. 여기서 '번거롭다'는 말은 '매우 짜증이 나고 거추장스럽다'는 의미이다.

성전 문 닫을 자를 찾으시는 하나님의 마음

결국 구약의 마지막 책에서 하나님은 아무도 예배드리지 못하도록 성전 문 닫을 자를 찾고 계신다(10절).

이것이 우리의 예배에 대한 하나님의 마음이라면 진정 우리가 가슴을 치고 통회하며 예배의 회복을 위해 기도해야 하지 않겠는가? '최선'과 '구별'이라는 예배의 핵심은 놓치고, 마음이 아니라 형식과 참석에만 의미를 부여하고 있으니 하나님의 마음이 얼마나 아프시겠는가?

예배의 회복

그러나 하나님은 마지막 시대에 이 모든 예배가 회복될 것이라고 말씀하신다(11절). 그리고 그때가 되면 이방 중에서 깨끗한 제물, 온전한 예배를 드리게 될 것이라고 하신다. 깨끗한 제물이란 바로 '최선'과 '구별'이며, '형식'이 아닌 '마음'이다.

이는 곧 더 이상 예배에 대해 부정적으로 비판하지 않고, 예배를 거추장스럽게 여기지 않으며, 오직 하나님 앞에 성령과 진리로 구별하여 드리는 그런 예배가 일어날 것이라는 말이다. 하나님은 우리에게 깨끗하고 진실한 예물을 원하신다. 그리고 바로 우리에게서부터 예배가 온전히 회복되기를 원하신다.

|청년 자기 체크리스트|

아래의 체크리스트를 가지고 오늘 소그룹 모임에 임한 자신의 태도를 충분히 점검해 보라.

	점검 사항	5	4	3	2	1
준비 및 예습	본 과를 준비하면서 충분히 예습은 하였는가?					
	각 과의 분명한 목적은 알고 모임에 임했는가?					
	성령께서 나를 만지시도록 기도로 준비하였는가?					
	소그룹원들을 위해서 중보하였는가?					
	리더를 위해서 중보하였는가?					
	나를 변화시키실 하나님을 기대하는 마음으로 임했는가?					
참여 및 자세	적극적으로 질문과 대답에 참여했는가?					
	정직하게 자신을 보여주었는가?					
	지체들의 이야기에 사랑의 마음으로 공감적 경청을 하였는가?					
	모임 중 성령의 인도하심을 계속적으로 구했는가?					
	하나님께서 원하시는 것이 무엇인지 분명히 알았는가?					
	발견한 진리를 삶과 인격에 적용하기로 결단했는가?					
	이번주에 중보할 지체를 발견했는가?					
적용 및 결단	자신의 적용이 삶과 인격에 변화를 가져올 만큼 구체적인가?					
	배운 내용이 삶의 상황에 분명히 적용되었는가?					
	소그룹 모임에 대한 만족감이 있었는가?					
	배운 내용을 분명하게 정리했는가?					
	이번 과의 주제와 목적을 분명히 알게 되었는가?					
	삶과 인격의 변화를 위해 기도할 준비가 되어 있는가?					
평가	**이번주 총점**					

"그러므로 내 사랑하는 형제들아 견실하며 흔들리지 말고 항상 주의 일에 더욱 힘쓰는 자들이 되라 이는 너희 수고가 주 안에서 헛되지 않은 줄 앎이라" (고전 15:58)

– 이번주 생일 맞은 사람은?
– 이번주 소그룹 특이 사항은?
– 다음주 행사는?
– 다음주 전도할 대상은?
– 이번 달 암송 구절과 필독서는?

5과
어떻게 예배자가 될 수 있나이까?
말라기 2장 1~9절

가끔 우리는 상대방을 불쾌하게 만들 때가 있다.
이때 그것이 본의든 본의가 아니든,
대부분 상대방은 무시를 당했다고 생각한다.
상대와 이야기를 하면서 껌을 씹는다든지,
질문에 동문서답하면서 시선을 산만하게 한다든지,
어른을 만나는 자리에서 건방진 자세를 취한다면
틀림없이 상대방에게 불쾌감을 줄 것이다.
예배도 이와 마찬가지이다.
예배는 마음의 문제이다.
그리고 그 마음이 태도와 연결되는 것이다.
그렇다면 하나님이 존중받으시는 예배를 드리기 위해
도대체 우리의 마음에 어떤 것을 채워야 하는 것일까?
그 마음의 문제를 예배적 측면에서 심도 있게 나누어 보자.

말씀 암송 | 요한복음 14장 21절

나의 계명을 지키는 자라야 나를 사랑하는 자니 나를 사랑하는 자는 내 아버지께 사랑을 받을 것이요 나도 그를 사랑하여 그에게 나를 나타내리라

|다가서기|

1. 한 주간의 드웰링을 나누라.

인도자 가이드 |

드웰링 파트너를 위해 한 주간 기도하는 중에 하나님께서 주시는 마음이나 말씀을 받은 것이 있으면 사람들에게 나누라. 매주 이런 시간을 가짐으로 소그룹 안에 하나님이 거하심을 드러내도록 하라.

2. 당신이 생각하는 예배자의 마음은 어떤 것인가? 하나님이 받으시는 예배를 위한 예배자 마음에 대해 각자의 생각을 나누어 보자.

|깊이 보기| 말라기 2장 1~9절

오늘 본문은 말라기의 여섯 개의 예언 중 두 번째의 후반부이다. 지난 시간에 살펴본 전반부가 예배자들의 죄악을 낱낱이 파헤치신 내용이라면, 후반부인 2장 1~9절까지는 '레위 언약의 존속(存續)'(4절)이라는 관점에서 타락한 예배자들을 향하여 저주를 선포하시는 말씀이라고 할 수 있다.

3. 본문 2절을 근거로 하나님께서 제사장들, 즉 예배자들을 저주하신 이유가 무엇인지 자신의 말로 풀어 설명해 보라.[2]

말씀 살피기 |

만군의 여호와가 이르노라 너희가 만일 듣지 아니하며 마음에 두지 아니하여 내 이름을 영화롭게 하지 아니하면 내가 너희에게 저주를 내려 너희의 복을 저주하리라 내가 이미 저주하였나니 이는 너희가 그것을 마음에 두지 아니하였음이라(말 2:2)

인도자 가이드 |

하나님께서 자신의 백성들을 저주하신 이유는 그들이 하나님의 말씀을 듣지 않고, 마음에 두지도 않으며, 또 그렇게 하려고 시도조차 하지 않았기 때문이다. 2절의 후반부에서 하나님은 이미 이들에게 복을 주셨다고 말씀하신다. 그 복으로 그들은 하나님을 예배할 수 있었다. 그럼에도 그들은 마음으로 하나님을 예배하지 않았던 것이다. 즉 그들은 결코 예배할 수 없는 상황에 처해 있던 것이 아니었다는 말이다.

4. 우리 안에 있는 마음 중 예배를 통해 하나님을 영화롭게 하는 것을 방해하는 것은 무엇인지 나누어 보라.

인도자 가이드 |

구약의 마지막 책인 말라기는 끝까지 예배에 대한 강조를 쉬지 않는다. 성경의 시작과 끝 역시 인생은 예배로 시작해서 예배로 끝난다는 것을 시사한다. 이렇게 중요한 예배의 핵심 가치는 바로 '마음'이다. 그렇기 때문에 우리의 예배가 하나님을 영화롭게 하지 못하는 결정적인 이유는 말씀을 마음에 두지 않는 것에 있다. 이는 하나님을 높이려고 하지 않는 마음, 받은 복에 대한 감사가 없는 마음, 예배 외의 일로 분주한 마음, 겨우 예배 참석에만 의미를 두는 마음, 호감 가는 사람에게 관심을 집중하는 마음 등으로 나타날 수 있다. 소그룹원들 각자가 솔직하게 자신을 돌아보고 구체적으로 나눌 수 있도록 도와주라.

---

2) 여기서 '영화롭게 하지 아니하면'이라는 말은 더 정확하게 번역하면 '만약 네가 내 이름을 영화롭게 하기 위한 마음을 가지려 하지 않는다면'이라고 할 수 있다. 이는 예배자들을 향한 저주의 원인이 바로 그들의 마음에 있음을 보여준다.

5. 온전한 예배자의 마음을 갖지 못할 때 하나님께서는 그들의 복을 저주할 것이라고 말씀하셨다(2절). 예배자의 복이 무엇인지 생각해 보고 서로 나누라(창 12:2, 엡 1:3).

말씀 살피기 |

내가 너로 큰 민족을 이루고 네게 복을 주어 네 이름을 창대하게 하리니 너는 복이 될지라(창 12:2)

찬송하리로다 하나님 곧 우리 주 예수 그리스도의 아버지께서 그리스도 안에서 하늘에 속한 모든 신령한 복을 우리에게 주시되(엡 1:3)

인도자 가이드 |

하나님께서 우리에게 예배할 수 있도록 주신 복은 무궁무진하다. 창세기 12장에서는 창대하게 되는 복을, 에베소서 1장에서는 성부, 성자, 성령 하나님의 동역을 통해 구원받는 복을 주셨다고 말하고 있다. 이뿐 아니라 건강의 복, 친구의 복, 가정의 복, 물질의 복 등 우리에게 주신 일상의 복들도 무척 많다. 이 모든 것이 예배자의 복이 될 수 있다.

6. 요한복음 4장에서 예수님은 수가 성 여인에게 하나님께 예배하는 자의 마음은 무엇으로 채워져야 한다고 하셨는가? 그것은 무엇을 의미하는지 나누어 보라(요 4:23~24).

말씀 살피기 |

아버지께 참되게 예배하는 자들은 영과 진리로 예배할 때가 오나니 곧 이때라 아버지께서는 자기에게 이렇게 예배하는 자들을 찾으시느니라 하나님은 영이시니 예배하는 자가 영과 진리로 예배할지니라(요 4:23~24)

인도자 가이드 |

하나님께 예배하는 마음은 영과 진리로 채워져야 한다. 여기서 영은 성령을 뜻하고, 진리는 하나님의 말씀을 의미한다. 즉 성령의 인도하심을 따라 말씀에 근거하여 순종하기로 결심하는 것이 참된 예배인 것이다. 그러므로 예배의 도구는 마음이며, 우리는 그 마음을 성령과 진리로 채워 예배해야 함을 잊지 말아야 한다.

7. 본문 3절에서는 예배 실패가 얼마나 치명적인 결과를 초래하게 되는지에 대해 크게 두 가지로 설명하고 있다. 그중 첫 번째인 "너희의 자손을 꾸짖을 것이요"[3)]라는 구절의 의미를 생각해 보고, 그것이 오늘날의 예배 실패자들에게는 어떤 의미인지 적용해 보라.

말씀 살피기 |

보라 내가 너희의 자손을 꾸짖을 것이요 똥 곧 너희 절기의 희생의 똥을 너희 얼굴에 바를 것이라 너희가 그것과 함께 제하여 버림을 당하리라(말 2:3)

인도자 가이드 |

예배 실패에 대한 저주는 단지 자신에게만 주어지는 것이 아니라 대를 이어 다음 세대에까지 영향을 미친다. 부모가 온전한 예배자가 되지 못할 때 그 가정에서 자란 자녀들 역시 온전한 예배자가 되지 못하는 것은 매우 흔한 일이다. 만일 이 구절을 기근과 흉년이 임할 것이라는 뜻으로 본다면 예배의 실패는 자연 만물에게도 영향을 미친다고 볼 수 있다. 예배는 인간이 모든 피조물의 대표로서 창조주를 직접적으로 높이는 행위이기 때문에 이 예배가 무너질 때 총체적 저주가 임하는 것이다.

8. 예배 실패의 결과 중 두 번째는 "너희 절기의 희생의 똥을 너희 얼굴에 바를 것이라"[4)]는 구절에 나타난다. 이 구절의 의미를 생각해 보라. 이것이 오늘날 우리들에게 어떻게 적용될 수 있겠는가?

인도자 가이드 |

구약의 제사에서 똥은 하나님께 드리지 못하는 것이기 때문에 진 밖에 내다 버려야 했다. 하나님은 이 구절을 통해 그들의 예배가 예배 될 수 없는, 즉 받으실 수 없는 똥과 같다고 말씀하시는 것이다. 하나님의 말씀을 우리 속에 두기 싫어할 때 우리는 예배라는 이름으로 하나님의 얼굴에 똥을 바르는 셈이 되는 것이다. 그런 이유로 하나님은 그 똥을 다시 우리의 얼굴에 바르겠다고 하시는 것이다. 진 밖에 내다 버려야 할 것을 지성소로 가져 온 죄로 인해 그것을 가지고 온 사람도 그 부정한 것과 함께 진 밖에 버려지는 것이다. 우리의 예배를 똥이 되게 하는 것은 사람에게조차도 줄 수 없는 형편없는 마음, 자세, 헌물 등을 가지고 하나님 앞에 나오는 것이다. 즉 진심이 없는 예배, 진리를 근거로 하지 않는 예배, 성령의 인도함 없이 형식에 묶여 있는 예배가 바로 그런 예배라 할 수 있다.

9. 예배에 실패한 자들에 대해 이렇게까지 저주하시는 이유가 무엇인가?(4절)

말씀 살피기 |

만군의 여호와가 이르노라 내가 이 명령을 너희에게 내린 것은 레위와 세운 나의 언약이 항상 있게 하려 함인 줄을 너희가 알리라(말 2:4)

---

3) 여기서 '너희의 자손을 꾸짖을 것이요'라는 구절은 '네 팔을 자를 것이다, 팔을 부러뜨릴 것이다, 너희 후손을 꾸짖을 것이다, 너희 씨를 내다 버릴 것이다, 너희 어깨를 분리시켜 버릴 것이다' 등으로 다양하게 번역될 수 있다. 히브리어는 자음에 모음이 붙어 있지 않기 때문에 이처럼 여러 가지 번역이 가능한 것이다. 그러나 그중 크게 두 가지 해석으로 압축되는데 자손에 대한 저주 또는 기근이나 흉년에 대한 저주이다.

4) 희생제물에서 나오는 똥은 부정하게 여겨졌기 때문에 진 밖에서 불태워져야 했다. 그런데 그것을 예배자들의 얼굴에 바르시겠다는 말씀이다. '바르다'의 원어는 가까이에서 부드럽게 바르는 것이 아니라 힘껏 던지거나 흩뿌리는 행위를 의미한다. 또 구약에서 '진 밖'은 구원과 단절되는 것을 상징한다. 따라서 똥이 진 밖으로 내버려졌다는 말은 그것이 결코 하나님을 예배할 수 있는 것이 못 된다는 의미이다.

인도자 가이드 |

이 언약은 영원히 예배할 수 있게 되리라는 언약이자 거룩을 드러내는 언약이며, 그들을 통해 만민이 복을 받게 되리라는 언약이다. 이 언약을 계속해서 유지하기 위해 하나님께서 그처럼 저주를 하신다는 것이다. 즉 하나님이 이같이 마음이 전혀 준비되어 있지 않은 자들을 저주하시는 이유는 그들을 멸하시기 위함이 아니라 비록 인간의 잘못이라도 그것을 이용하셔서 자신의 거룩한 계획과 목적을 끝까지 성취하시고자 함이다.

10. 사실 이 저주는 그 자체가 목적이 아니라 언약을 성실히 이행하시기 원하셨던 하나님의 마음을 전달하기 위함이었던 것이다. 그 하나님의 마음이 구체적으로 무엇인지 살펴보라(5,6,7절).

① 5절 – 생명과 평강을 전하고, 하나님을 경외하도록 하기 위함

말씀 살피기 |

레위와 세운 나의 언약은 생명과 평강의 언약이라 내가 이것을 그에게 준 것은 그로 경외하게 하려 함이라 그가 나를 경외하고 내 이름을 두려워하였으며(말 2:5)

② 6절 – 불의가 아니라 진리만을 말하고, 화평함과 정직함으로 하나님과 동행하며, 사람들로 하여금 죄악에서 떠나게 하는 일을 하도록 하기 위함

말씀 살피기 |

그의 입에는 진리의 법이 있었고 그의 입술에는 불의함이 없었으며 그가 화평함과 정직함으로 나와 동행하며 많은 사람을 돌이켜 죄악에서 떠나게 하였느니라(말 2:6)

③ 7절 – 사람들로 하여금 그런 제사장에게서 배우도록 하기 위함

말씀 살피기 |

제사장의 입술은 지식을 지켜야 하겠고 사람들은 그의 입에서 율법을 구하게 되어야 할 것이니 제사장은 만군의 여호와의 사자가 됨이거늘(말 2:7)

11. 하나님께서 예배를 통해 확증하시고자 하신 언약은 바로 '생명과 평강'의 언약이다. 이 생명과 평강의 언약은 중간기 400년을 지나 예수 그리스도의 탄생과 구속 사역으로 그 목적을 일부 달성하게 된다. 그리고 장차 그리스도의 재림으로 온전히 성취될 것이다. 당신에게는 예배를 통한 이 생명과 평강의 약속이 늘 이행되고 있는가? 그렇지 않다면 그 이유는 무엇인지 나누어 보라.

인도자 가이드 |

예배는 언약이다. 완전한 생명과 평강을 주기 위한 언약이며, 예행연습이자 상징이다. 그리고 이 생명과 평강의 언약은 예수 그리스도의 구속 사역으로 회복되어 재림으로 완성될 것이다. 우리가 드리는 예배는 단지 창조주를 높이는 과거 지향적 예전이 아니다. '하나님의 창조'라는 과거뿐 아니라 '하나님의 통치'라는 현재, 그리고 '생명과 평강의 완성'이라는 미래의 영역까지 포함하여 하나님을 높이는 것이다. 그러므로 우리가 하나님께 드리는 예배 속에서 하나님의 과거와 현재, 그리고 미래의 은혜를 망각하고 있는 이유를 스스로 발견해야 하는 것이다.

|다짐하기|

12. 온전한 예배를 위해 당신이 결단해야 할 일이 무엇인지 구체적으로 정하고 지체들에게 나누는 시간을 가져보라.

인도자 가이드 |

무엇보다 말씀이 우리 각자의 마음속에 있어야 한다. 그리고 하나님께서 회복하기를 원하시는 생명과 평안의 언약을 연습하는 것이 바로 예배임을 기억하며 우리 속에 있는 사망과 불안의 요소들을 끊임없이 하나님께 가지고 나와야 한다. 이 같은 예배의 회복을 위한 구체적인 계획들을 나누도록 도우라.

13. 이번 주 드웰링 파트너를 정하고 한 주간 그를 위해 기도하라.

|관점 얻기|

본문 쉽게 보기

1. 타락한 예배자를 향한 저주 경고(1~3절)

2. 레위 언약의 존속을 위한 경고와 이상적 예배자의 원형 제시(4~6절)

3. 레위 언약을 파기한 예배자들의 행태 지적(7~9절)

예배는 마음을 채우는 것

본문 2절에서 하나님은 예배자들을 저주하시는 이유에 대해 "너희가 듣지 아니하며 마음에 두지 아니하여 내 이름을 영화롭게 하지 아니하면"이라고 말씀하신다. 여기서 '영화롭게 하지 아니하면'이라는 말은 더 정확하게 말해 '만약 네가 내 이름을 영화롭게 하고자 하는 마음을 가지려 하지 않는다면'이다. 즉 예배자들을 향한 저주의 원인이 바로 그들의 마음에 있었던 것이다.

신약에서 예수님은 영과 진리 곧 성령과 진리로 예배하라고 말씀하셨다. 우리가 오직 성령과 진리로 마음을 가득 채워 예배할 때 하나님이 그 예배를 받으신다. 형식이나 절차가 아니라 마음이 중요하다. 그 당시 제사장들이 예배 자체를 드리지 않았던 것이 아니다. 나름대로 예배를 다 드렸는데도 저주가 선포되었던 것이다. 예배자의 마음에 영과 진리가 없는 예배에는 이처럼 저주만 임할 뿐이다.

열납되지 않는 예배에 대한 저주

여기서 '너희의 복'(2절)은 바로 하나님이 기업이 되어 주시는 복이다. 이는 곧 하나님의 이름으로 보호받고 하나님의 언약 속에 사는 복을 의미한다. 그런데 온전한 예배가 드려지지 않자 바로 그 복을 저주하시겠다는 것이다. 첫 번째 저주인 "너희의 자손을 꾸짖을 것이요"라는 구절은 자손에 대한 저주 또는 기근이나 흉년의 저주이다. 둘 중 어떤 것이든 예배자의 잘못은 예배 중에 드러나는데 그것은 곧 마음의 문제이다. 그리고 그 결과는 매우 치명적이며 총체적이다.

두 번째 저주는 "너희 절기의 희생의 똥을 너희 얼굴에 바르는 것"으로 묘사된다. 본래 희생제물에서 나오는 똥은 부정하여 진 밖에서 불태워야 했는데 그것을 예배자들의 얼굴에 바르시겠다는 말씀이다. '진 밖'은 구원과 단절되는 것을 상징하고, '똥'은 결코 하나님을 예배할 수 있는 것이 못 된다는 의미이다. 그러므로 똥을 얼굴에 집어 던지시겠다는 말씀은 그릇된 마음으로 드리는 그들의 예배는 물론 그들 자체도 부정한 똥으로 여기시겠다는 말씀이다. "스스로 속이지 말라 하나님은 업신여김을 받지 아니하시나니 사람이 무엇으로 심든지 그대로 거두리라(갈 6:7)".

생명과 평강의 레위 언약

하나님께서 잘못된 예배자들에 대해 이렇게까지 저주하시는 이유는 레위와 세운 언약 때문이다(4절). 레위와 세운 언약이 무엇인지는 정확하게 알 수 없지만 여러 성경 본문을 검토해보면 개연성 있는 해석을 찾을 수 있다. 즉 민수기 25장 11~13절에 의하면 그 언약은 레위 지파 비느하스에게 주신 '평화의 언약'으로, 그 후손에게 영원히 예배할 수 있는 특권을 주셨다는 말씀이다. 또한 그 언약은, 느헤미야 13장 29절에서는 레위인들이 거룩을 드러내게 되는 언약으로, 신명기 33장 8~11절에서는 여호와의 뜻을 판별하는 데 사용되는 우림과 둠밈을 주시겠다는 언약으로 나타난다.

그러므로 레위 언약은 영원히 예배할 수 있는 언약이자 거룩을 드러내는 언약이며, 그들을 통해 만민이 복을 받게 되는 언약이다. 그 언약을 계속해서 유지하기 위해 그처럼 저주하신다는 것이다. 다시 말해 하나님의 저주는 그들을 멸하시기 위함이 아니라 비록 인간의 잘못이라도 그것을 이용하셔서 자신의 거룩한 계획과 목적을 성취하시겠다는 약속을 내포하고 있는 것이다. 결국 이 생명과 평강의 언약은 예수님의 구속 사역으로 성취되었으며 장차 재림으로 완성될 것이다.

|청년 자기 체크리스트|

아래의 체크리스트를 가지고 오늘 소그룹 모임에 임한 자신의 태도를 충분히 점검해 보라.

	점검 사항	5	4	3	2	1
준비및예습	본 과를 준비하면서 충분히 예습은 하였는가?					
	각 과의 분명한 목적은 알고 모임에 임했는가?					
	성령께서 나를 만지시도록 기도로 준비하였는가?					
	소그룹원들을 위해서 중보하였는가?					
	리더를 위해서 중보하였는가?					
	나를 변화시키실 하나님을 기대하는 마음으로 임했는가?					
참여및자세	적극적으로 질문과 대답에 참여했는가?					
	정직하게 자신을 보여주었는가?					
	지체들의 이야기에 사랑의 마음으로 공감적 경청을 하였는가?					
	모임 중 성령의 인도하심을 계속적으로 구했는가?					
	하나님께서 원하시는 것이 무엇인지 분명히 알았는가?					
	발견한 진리를 삶과 인격에 적용하기로 결단했는가?					
	이번주에 중보할 지체를 발견했는가?					
적용및결단	자신의 적용이 삶과 인격에 변화를 가져올 만큼 구체적인가?					
	배운 내용이 삶의 상황에 분명히 적용되었는가?					
	소그룹 모임에 대한 만족감이 있었는가?					
	배운 내용을 분명하게 정리했는가?					
	이번 과의 주제와 목적을 분명히 알게 되었는가?					
	삶과 인격의 변화를 위해 기도할 준비가 되어 있는가?					
평가	이번주 총점					

"그러므로 내 사랑하는 형제들아 견실하며 흔들리지 말고 항상 주의 일에 더욱 힘쓰는 자들이 되라 이는 너희 수고가 주 안에서 헛되지 않은 줄 앎이라" (고전 15:58)

- 이번주 생일 맞은 사람은?
- 이번주 소그룹 특이 사항은?
- 다음주 행사는?
- 다음주 전도할 대상은?
- 이번 달 암송 구절과 필독서는?

6과
어떻게 예물을 받지 아니하시나이까?

말라기 2장 10~16절

성경에서 여러 번 다루어지는 혼인의 문제는
구원론적으로 볼 때 더 많은 교훈을 얻을 수 있다.
다시 말해 결혼은 궁극적으로
예수님과 그 순결한 신부인 교회와의 혼인을 상징한다.
그래서 성경은 일부일처를 확언적으로 말하고 있는 것이다.
우리의 유일한 신랑은 예수 그리스도이시다.
성경에서 성도와 그리스도의 관계를 결혼으로 설명하는 것은
그만큼 우리가 그분에게 소중한 존재라는 것을
깨닫게 하시기 위함이다.
하나님은 우리가 영적으로 간음하기를 원하지 않으신다.
유일한 신랑이신 예수님을 사모하고
그분과만 마음을 나누기 원하신다.

말씀 암송 | 요한복음 14장 21절

나의 계명을 지키는 자라야 나를 사랑하는 자니 나를 사랑하는 자는 내 아버지께 사랑을 받을 것이요 나도 그를 사랑하여 그에게 나를 나타내리라

|다가서기|

1. 한 주간의 드웰링과 그 가운데 경험한 하나님의 일하심에 대해 나누어 보라.

인도자 가이드 |
한주간 드웰링 파트너를 위해 기도하면서 받은 마음이나 말씀을 나누는 시간이다.

2. 누군가에게서 선물을 받고 기분 나쁜 적이 있었다면 그때의 상황과 감정을 나누어 보자.

인도자 가이드 |
보통 선물을 받았는데 기분이 나쁜 경우는 그 선물에서 주는 사람의 성의가 느껴지지 않았든지, 아니면 선물로서의 가치가 없는 것을 받았기 때문이다. 하나님께 드리는 우리의 예배가 선물이라고 할 때 하나님께서 그것을 어떻게 느끼실지 생각해보며 오늘의 주제에 다가서게 한다.

|깊이 보기| 말라기 2장 10~16절

말라기에는 총 여섯 개의 예언이 기록되어 있다. 첫 번째는 여호와의 선민 사랑과 능력을 강조한 서론적 예언이고, 두 번째는 부정한 제물로 여호와를 모독하고 레위 언약을 파기한 타락한 제사장들의 범죄를 지적하고 저주를 경고한 것이다. 세 번째부터 마지막 여섯 번째 예언까지는 택한 백성들의 전반적인 타락에 초점을 맞추고 있다. 본문은 그중 첫 번째 예언으로, 우상 숭배자와 통혼하는 것은 물론 어릴 때 맞이한 아내를 학대하고 이혼하는 등 선민 사회에 범람하고 있는 죄를 지적하고 있다.

3. 하나님께서도 싫어하시는 것이 있고 기뻐하시는 것이 있다. 그것이 각각 무엇이라고 생각하는가?

인도자 가이드 |

하나님이 싫어하시고 기뻐하시는 것의 기준은 하나님께서 우리를 만드신 목적과 밀접하게 관련되어 있다. 즉 그 목적에 위배되는 것은 싫어하시고, 목적에 맞는 것은 기뻐하신다. 하나님께서 우리를 만드신 목적은 그분을 예배하고 기뻐하는 것이다. 우리의 진심을 담아 예배하고 기뻐할 때 하나님 역시 우리를 사랑하시고 기뻐하신다. 반면 그 예배에 마음이 담겨 있지 않을 때 하나님은 그 예배를 싫어하신다.

4. 본문 11절의 '여호와께서 사랑하시는 그 성결을 욕되게 하는 것'이라는 말이 무엇을 의미하는 것인지 생각해 보라(14절). 이 같은 일을 행한 사람에게 주어지는 저주는 무엇인가?(12절)

말씀 살피기 |

유다는 거짓을 행하였고 이스라엘과 예루살렘 중에서는 가증한 일을 행하였으며 유다는 여호와께서 사랑하시는 그 성결을 욕되게 하여 이방 신의 딸과

결혼하였으니(말 2:11)

너희는 이르기를 어찌 됨이니이까 하는도다 이는 너와 네가 어려서 맞이한 아내 사이에 여호와께서 증인이 되시기 때문이라 그는 네 짝이요 너와 서약한 아내로되 네가 그에게 거짓을 행하였도다(말 2:14)

이 일을 행하는 사람에게 속한 자는 깨는 자나 응답하는 자는 물론이요 만군의 여호와께 제사를 드리는 자도 여호와께서 야곱의 장막 가운데에서 끊어 버리시리라(말 2:12)

인도자 가이드 |

11절의 '욕되게 하였다'는 말은 거짓되고 가증하여 구역질이 난다는 뜻이다. 또한 '성결'의 의미를 바로 앞의 수식어 '여호와께서 사랑하시는'이라는 표현에 근거해 언약의 백성이라고 본다면, 곧 이 말은 여호와께서 사랑하시는 백성을 거짓되게 한 것, 바로 이방 신의 딸들과 결혼한 것을 의미한다고 할 수 있다.
12절에서 '깨는 자나 응답하는 자'가 정확히 누구를 의미하는지는 알 수 없지만 분명한 것은 이런 일을 행하는 자에게 엄중한 하나님의 심판이 임한다는 것이다. '여호와께 제사를 드리는 자'라는 말이 쉬운 성경에서는 '여호와께 제물을 바치더라도'라고 번역되고 있으므로 즉 이 말은 아무리 예배를 드리더라도 그들을 벌하시겠다는 뜻이다.

5. 하나님께서 이스라엘 백성들의 예물을 받지 않으시는 구체적인 이유는 무엇인가?(13절, 참고. 16절)

말씀 살피기 |

너희가 이런 일도 행하나니 곧 눈물과 울음과 탄식으로 여호와의 제단을 가리게 하는도다 그러므로 여호와께서 다시는 너희의 봉헌물을 돌아보지도 아니하시며 그것을 너희 손에서 기꺼이 받지도 아니하시거늘(말 2:13)

이스라엘의 하나님 여호와가 이르노니 나는 이혼하는 것과 옷으로 학대를 가리는 자를 미워하노라 만군의 여호와의 말이니라 그러므로 너희 심령을 삼가 지켜 거짓을 행하지 말지니라(말 2:16)

인도자 가이드 |

13절에서 말하는 '이런 일'은 원어적으로 '두 번째 일'이라는 뜻으로, 11절의 '이방 신의 딸들과 결혼한 것'을 말한다. 이방 신의 딸과 결혼하기 위해 이스라엘 백성들은 15절에서 지적하는 것처럼 '어려서 맞이한 아내를 버리는 일'을 행했다. 이것이 이스라엘 백성들이 죄 중에 행한 첫 번째 일이었고, 그 두 번째가 이방 신의 딸들과 결혼한 것이었다.

6. 남편이 아내를 버리고 이방 신의 딸과 결혼하는 것을 하나님께서 그처럼 큰 죄로 여기시는 이유와 더불어 하나님께서는 결혼에 대해 어떻게 생각하고 계신지를 찾아 정리해 보라(14절).

말씀 살피기 |

너희는 이르기를 어찌 됨이니이까 하는도다 이는 너와 네가 어려서 맞이한 아내 사이에 여호와께서 증인이 되시기 때문이라 그는 네 짝이요 너와 서약한 아내로되 네가 그에게 거짓을 행하였도다(말 2:14)

인도자 가이드 |

본문에 의하면 하나님께서 생각하시는 결혼은 '언약'이다. 그리고 중요한 것은 그 언약의 증인이 바로 여호와 하나님이시라는 점이다. 따라서 아내를 버리고 이방 신의 딸과 결혼하는 것은 하나님 앞에서의 언약을 어기는 큰 죄가 되는 것이다. 또한 여기에는 고대 근동의 언약법에서처럼 이 언약을 어긴 자는 짐승을 쪼개는 것과 같은 엄중한 벌을 받게 될 것이라는 의미가 포함되어 있다.

7. 하나님께서 일부일처(一夫一妻)를 명령하신 본래 목적이 무엇인가?(15절) 이에 대한 당신의 생각을 나누어 보라.

말씀 살피기 |

그에게는 영이 충만하였으나 오직 하나를 만들지 아니하셨느냐 어찌하여 하나만 만드셨느냐 이는 경건한 자손을 얻고자 하심이라 그러므로 네 심령을 삼가 지켜 어려서 맞이한 아내에게 거짓을 행하지 말지니라(말 2:15, Has not the LORD made them one? In flesh and spirit they are his. And why one? Because he was seeking godly offspring. So guard yourself in your spirit, and do not break faith with the wife of your youth., NIV).

인도자 가이드 |

그 목적은 경건한 자손을 얻기 위해서이다. 본문 중 "그에게는 영이 충만하였으나 오직 하나를 만들지 아니하셨느냐"에서 '하나'를 '아담과 하와', 혹은 '이스라엘'이라고 보면, '여호와는 처음부터 아담과 하와를 한 몸으로 만드셨다. 아담으로 하여금 더 많은 여인과 살게 하실 수도 있었으나 그렇게 하지 않으신 이유는 경건한 자손을 얻고자 하셨기 때문이다'로 번역할 수 있다. 한 남자가 여러 아내를 취하게 되면 아내들 간에 벌어지는 어쩔 수 없는 갈등과 다툼, 그리고 그에 대한 남자의 부적절한 행동 등으로 결코 그 가정이 평안하지 않을 것이라는 점은 충분히 짐작 가능하다. 그뿐 아니라 그런 불안정한 가정에서 자라는 아이들이 정신적인 건강과 영적인 경건을 유지하기는 매우 어렵다.

8. 우리가 일부일처의 부부관계를 깨뜨릴 때 하나님은 그 예배를 받지 않으신다고 말씀하신다(참조. 13절). 부부관계는 장차 십자가로 맺어질 신랑 되신 예수와 신부 된 교회와의 관계를 상징한다. 이런 맥락에서 어떤 경우에 하나님께서 교회의 예배를 받지 않으실 것이라고 생각하는가?

말씀 살피기 |

너희가 이런 일도 행하나니 곧 눈물과 울음과 탄식으로 여호와의 제단을 가리게 하는도다 그러므로 여호와께서 다시는 너희의 봉헌물을 돌아보지도 아니하시며 그것을 너희 손에서 기꺼이 받지도 아니하시거늘(말 2:13)

인도자 가이드 |

우리가 유일한 신랑 되신 예수님을 버리지는 않더라도 그 외에 의지할 다른 것을 찾는다면 그것이 바로 영적 간음이나 이혼과 같은 것이다. 그리고 이 같은 모습이 예배를 열납되지 못하게 만든다. 예배란 전적으로 예수 그리스도만을 의지하고, 그분으로 인해서만 삶의 가치와 행복을 찾을 수 있다는 믿음의 자세와 각오에서 시작되는 것이다. 그러므로 예수님을 믿으면서도 그 외에 다른 것을 의지하는 자세는 영적 간음과 같고, 결과적으로 그 예배는 하나님께서 받지 않으신다.

9. 성경에서 교회는 건물이 아니라 바로 우리 자신을 의미한다. 우리가 예수님만을 참 신랑으로 삼고 순결한 신부로 자신을 준비할 때 비로소 하나님과 온전한 사랑과 행복의 관계를 누릴 수 있게 된다. 신앙생활에서 예수님만을 참 신랑으로 삼는다는 것은 무엇을 의미한다고 생각하는가?

인도자 가이드 |

신랑과 신부는 서로에게서 최고의 가치와 행복을 느낄 수 있다. 신앙생활에서 예수님을 참 신랑으로 삼는다는 것도 같은 의미로, 오직 예수님에게서 우리의 가치와 행복을 찾는 것이다. 또 여기에는 반대로 우리 역시 신랑이신 예수님에게 최고의 기쁨이요 행복의 근원이 되어야 한다는 의미도 내포되어 있다.

|다짐하기|

10. 우리 주변 혹은 우리 안에 참된 예배드리는 것을 방해하고 오직 예수님을 참 신랑으로 여기는 것을 가로막는 것들이 있는지 점검해 보라. 그리고 어떻게 하면 그것들을 개선할 수 있을지 구체적인 결단과 방안을 서로 나누어 보라.

인도자 가이드 |

예수님 외에 의지하고 있는 것들을 구체적으로 찾아보도록 한다. 인터넷, 이성 친구, 학업, 취미, 부모, 물질 등이 될 수도 있고, 자신이 추구하고 있는 꿈과 비전이 될 수도 있다. 우리의 삶 속에서 예배와 타협하게 하는 것들, 바로 그것이 우리를 참된 예배자로 살지 못하도록 하는 것들이다. 그것이 무엇인지 구체적으로 확인할 수 있도록 도우라.

11. 하나님께서 가장 싫어하시는 것은 우리가 예수님 외에 다른 것을 신랑으로 여기는 것이고, 가장 사랑하시는 것은 자신의 백성이다. 우리가 예수님의 신부가 된다는 말은 우리 역시 이 같은 하나님의 마음을 동일하게 갖는다는 것을 의미한다. 당신이 싫어하는 것과 사랑하는 것은 각각 무엇인가? 그리고 어떻게 해야 우리도 하나님의 마음을 가질 수 있다고 생각하는가?

인도자 가이드 |

하나님께서 결혼을 언약으로 여기신다는 것은 상호 간의 책임에 그 중심을 두신 것이다. 또한 결혼 관계를 통해 예배를 설명하신다는 것은 하나님과 우리가 서로를 부부처럼 소중하게 생각해야 한다는 것을 가르쳐주고 계신 것이다. 그러나 우리는 하나님 한 분만을 사랑의 대상으로 삼지 못하고 여러 많은 것들을 의지한다. 또한 우리가 사랑하고 싫어하는 것들이 하나님이 사랑하시고 싫어하시는 것들과 일치하지 않는 경우가 많다. 우리가 하나님과 같은 마음을 가지려면 하나님이 우리를 위해 어떤 대가를 치르셨으며 그 사랑이 얼마나 큰 것인지에 집중해야 한다.

|관점 얻기|

본문 쉽게 보기

1. 이방 우상 숭배자와의 관계 지적 및 언약을 모독하는 가증함 경고 (10~12절)
2. 어릴 적 맺은 아내와의 이혼과 학대 지적 및 금지(13~16절)

선민을 욕되게 하는 죄와 저주

오늘 본문은 말라기에 등장하는 여섯 개의 예언 중 그 세 번째로 이스라엘 백성들이 어려서 맞이한 아내와 이혼하고 우상 숭배자와 통혼하는 범죄에 대해 지적하고 있다. 11절의 '성결'은 성소를 의미할 수도 있고, 거룩한 제도나 거룩 그 자체를 가리킬 수도 있으며, 이스라엘 백성을 뜻할 수도 있다. 그런데 그 단어가 '여호와께서 사랑하시는'이라는 표현으로 수식되고 있으므로 이는 곧 그의 언약의 백성을 의미하는 것으로 볼 수 있다. 그렇다면 여호와께서 사랑하시는 백성을 욕되게 한 것은 이방 신의 딸과 결혼한 것임을 알 수 있다. 이것이 욕이 되는 이유는 그 여자들이 믿는 우상이 결국은 이스라엘 백성들의 거룩을 훼손할 것이기 때문이다.

12절의 '깨는 자나 응답하는 자'에 대해서는 여러 가지 해석이 있다. 그 중 종교개혁자 칼빈은 '명하는 자와 그 명을 받는 자'라고 해석했고, YLT 성경은 '유혹하는 자와 유혹을 받는 자'로 번역했다. 또 70인 역이나 일부 사본에서는 '증거 하는 자나 대답하는 자'라고 해석하기도 했다. 어떤 것이 가장 정확한 해석인지는 알 수 없지만, 분명한 것은 이런 일을 행하는 자에게 엄중한 하나님의 심판이 임한다는 사실이다. '여호와께 제사를 드리는 자'라는 말이 쉬운 성경에서는 '여호와께 제물을 바치더라도'라고 번역되고 있는데 곧 이 말은 아무리 예배를 드리더라도 결코 용서될 수 없다는 뜻이다.

13절에서 말하는 '이런 일'이란 원어상 '두 번째 일'이라는 뜻으로 이방 신의 딸들과 결혼한 것을 말한다. 여기서 문제는 그 여인들이 단지 이방인이라는 데 있는 것이 아니라 '이방 신'의 딸 곧 우상 숭배자라는 점에 있다. 이것이 두 번째 죄라면 그 첫 번째는 바로 젊은 날에 취한 아내를 버린 일이었다.

하나님이 생각하시는 결혼

하나님이 생각하시는 결혼이란 단순히 두 사람이 만나 함께 사는 것이 아니라 하나님 앞에서 체결한 엄숙한 언약이다(14절). 또한 그 언약의 증인이 바로 여호와 하나님이시라는 것에 강조점이 있다. 그래서 고대 근동의 언약법, 곧 언약하는 두 사람이 함께 쪼갠 짐승 사이로 지나감으로 언약을 어길 시 그 짐승처럼 될 것이라고 하는 그 언약의 엄중함이 동일하게 적용된다. 결혼은 흔히 말하는 인륜지대사(人倫之大事) 정도가 아니라 하나님 앞에서의 언약인 것이다.

일부일처(一夫一妻)

15절의 "그에게는 영이 충만하였으나 오직 하나를 만들지 아니하셨느냐"라는 구절은 정확한 해석이 거의 불가능하다(Van der Woude). 이는 상당히 많은 단어들이 생략되거나 빠져 있기 때문이다. 그래서 일부 신학자들은 필사 과정에서 이 본문이 크게 훼손되었다고 보기도 한다(Torrey). 지금 남아 있는 원문만을 충실하게 번역하면, '그리고 그는 하나를(혹은 하나로) 만들지 않으셨느냐? 그에게는 영의 여분이 (있지 아니하냐?)'가 된다.

여기서 문제는 '하나'가 의미하는 것이 무엇이냐는 것이다. 이 '하나'는 아담이 될 수도 있고, 아담과 하와가 될 수도 있으며, 이스라엘이 될 수도 있다. 두 번째와 세 번째 해석이 문맥상 더 자연스러우므로 그에 따라 의역을 해 보면, '여호와는 처음에 가정 제도를 만드실 때 아담과 하와를 한 몸으로 만드셨다. 물론 그는 창조주와 주권자로서 얼마든지 자신의 뜻대로 범사를 행하실 수 있으므로 아담으로 하여금 더 많은 여인과 살게 하실 수도 있었다. 그럼에도 하나님은 굳이 하나만을 만드셨다. 그리고 그렇게 하신 목적은 경건한 자손을 얻으려는 데 있다'가 된다.

우리의 유일한 신랑 예수님과 예배

본문을 요약하면 '하나님은 결혼을 언약으로 생각하시고, 또 경건한 자손 곧 경건한 하나님의 백성을 만드시려고 일부일처제를 구상하셨다. 그러나 너희가 배우자의 결점을 이유로 그들에게 폭력을 쓰고 학대할 뿐 아니라 부당하게 이혼하고, 그것도 모자라 이방 신의 딸들과 혼인하니 이 죄는 너희들의 정성어린 예배로도 용서받을 수 없다'는 말씀이다. 이것은 당시 이스라엘 백성들의 결혼 행태를 묘사한 것이지만, 여기서 말하는 결혼은 장차 신약 시대에 이루어질 예수님과 신부 된 교회의 관계를 상징하기도 한다. 하나님은 우리를 사랑하시고 언약을 지키심으로 경건한 백성 얻기를 원하신다.

이 말씀을 오늘날의 우리에게 적용하면, 우리가 신랑이신 예수 그리스도를 버리고 영적으로 외도나 간음을 하고 있는 것에 대한 책망의 말씀으로 볼 수 있다. 하나님께서 우리의 예물을 받지 않으시는 이유는 바로 우리가 우리의 하나뿐인 신랑을 버리고 영적으로 외도하며 우리의 성결을 욕되게 했기 때문이다. 그리고 이것을 교묘하게 덮어 감추려고 하고 있기 때문이다. 이것이 큰 죄라는 것이다.

구약의 마지막 책 말라기는 세 번째 예언을 통해 우리에게 오직 하나뿐인 우리의 신랑 되신 예수 그리스도에 대한 절대적 충성과 사랑의 맹세를 요구한다. 더불어 하나님은 가정에서의 경건한 언약적 관계도 원하신다. 그래서 우리가 이 땅에서 거룩한 백성으로 살기를 바라신다. 그러나 우리가 예수님 외에 다른 신랑, 곧 우리의 삶을 의탁할 만한 어떤 것을 찾으려고 할 때 하나님께서는 우리가 드리는 예배를 받지 않으신다.

|청년 자기 체크리스트|

아래의 체크리스트를 가지고 오늘 소그룹 모임에 임한 자신의 태도를 충분히 점검해 보라.

	점검 사항	5	4	3	2	1
준비및예습	본 과를 준비하면서 충분히 예습은 하였는가?					
	각 과의 분명한 목적은 알고 모임에 임했는가?					
	성령께서 나를 만지시도록 기도로 준비하였는가?					
	소그룹원들을 위해서 중보하였는가?					
	리더를 위해서 중보하였는가?					
	나를 변화시키실 하나님을 기대하는 마음으로 임했는가?					
참여및자세	적극적으로 질문과 대답에 참여했는가?					
	정직하게 자신을 보여주었는가?					
	지체들의 이야기에 사랑의 마음으로 공감적 경청을 하였는가?					
	모임 중 성령의 인도하심을 계속적으로 구했는가?					
	하나님께서 원하시는 것이 무엇인지 분명히 알았는가?					
	발견한 진리를 삶과 인격에 적용하기로 결단했는가?					
	이번주에 중보할 지체를 발견했는가?					
적용및결단	자신의 적용이 삶과 인격에 변화를 가져올 만큼 구체적인가?					
	배운 내용이 삶의 상황에 분명히 적용되었는가?					
	소그룹 모임에 대한 만족감이 있었는가?					
	배운 내용을 분명하게 정리했는가?					
	이번 과의 주제와 목적을 분명히 알게 되었는가?					
	삶과 인격의 변화를 위해 기도할 준비가 되어 있는가?					
평가	이번주 총점					

"그러므로 내 사랑하는 형제들아 견실하며 흔들리지 말고 항상 주의 일에 더욱 힘쓰는 자들이 되라 이는 너희 수고가 주 안에서 헛되지 않은 줄 앎이라" (고전 15:58)

– 이번주 생일 맞은 사람은?

– 이번주 소그룹 특이 사항은?

– 다음주 행사는?

– 다음주 전도할 대상은?

– 이번 달 암송 구절과 필독서는?

7과

어떻게 여호와를 괴롭혔나이까?

말라기 2장 17절~3장 6절

하나님도 괴로우실 때가 있다. 그때가 언제일까?
구약의 마지막 책은 놀랍게도
그것이 우리의 말과 관련되어 있다고 말한다.
즉 하나님은 우리가 원망과 불평의 말을 할 때
가장 괴로워하신다는 것이다.
하나님은 이미 우리를 위해 최고의 길,
더할 나위 없는 복을 주셨다.
이 복은 너무나 크고 값진 것이어서
어떤 불행도 행복과 만족으로 바꿀 수 있다.
그런데 우리는 하나님께서 주신 크고 좋은 것을 보지 못한 채
늘 작은 일에 불평하고 원망한다.
그래서 하나님 앞에서 원망하고 불평하는 것이
하나님을 괴롭게 하는 것이 된다.
우리 속에 어떤 원망과 불평이 있는지 점검하고
하나님이 주신 기쁨으로 사는 지혜를 발견해 보자.

말씀 암송 | 디모데후서 3장 16절

모든 성경은 하나님의 감동으로 된 것으로 교훈과 책망과 바르게 함과 의로 교육하기에 유익하니

|다가서기|

1. 지난 주간의 드웰링을 나누면서 하나님의 일하심을 확인하는 시간을 가지라.

2. 당신은 괴로움을 경험해 본 적이 있는가? 어떤 경우에 괴로움을 느꼈으며 그때의 감정은 어떠했는지 나누어 보라.

|깊이 보기| 말라기 2장 17절~3장 6절

지난주에 공부했던 세 번째 예언은 선민 이스라엘의 우상 숭배와 이방 여인과의 결혼, 그리고 이혼에 대한 부분이었고, 오늘 본문은 네 번째 예언으로 여호와의 공의와 구원 실현, 그리고 여호와의 사자가 도래할 것에 관한 내용이다.

3. 오늘 본문은 이스라엘 백성들이 여호와를 괴롭혔다고 말한다. 그 이유는 무엇인가?(2:17)

말씀 살피기 |

너희가 말로 여호와를 괴롭게 하고도 이르기를 우리가 어떻게 여호와를 괴롭혀 드렸나이까 하는도다 이는 너희가 말하기를 모든 악을 행하는 자는 여호와의 눈에 좋게 보이며 그에게 기쁨이 된다 하며 또 말하기를 정의의 하나님이 어디 계시냐 함이니라(말 2:17)

인도자 가이드 |

여호와를 괴롭힌 것은 바로 그들의 '말'이었다. 여기서 '괴롭히다'라는 말은 원어적으로 '싫증을 내다'라는 뜻이다. 이스라엘 백성들이 여호와께 싫증이 난 이유는 17절 후반절, '모든 악을 행하는 자야말로 여호와가 보시기에 선한 자이고, 그렇게 악을 행하는 자들이야말로 하나님께서 함께하시는 사람이며 기뻐하시는 자들이다'라는 조롱 섞인 말 속에 나타난다. 이는 자신들의 악행을 정당화하고 철저히 하나님을 멸시하려는 의도가 담긴 말이었다.

4. 하나님은 이스라엘 백성들의 말 때문에 괴로우셨다. 그들의 말은 한마디로 원망이었기 때문이다. 마찬가지로 하나님은 우리의 원망에 괴로워하신다. 그 이유가 무엇이라고 생각하는가?

인도자 가이드 |

하나님이 우리를 자녀로 삼으셨다는 것에는 우리를 사랑하시고, 우리를 향한 놀라운 계획을 가지고 계시다는 뜻이 내포되어 있다. 따라서 하나님에 대한 원망은 바로 이 사랑과 계획을 무시하는 불신앙적 행위가 되는 것이다. 그것이 우리의 원망에 하나님께서 괴로워하시는 이유이다.
(부가적으로 소그룹원 각자가 자신을 향한 하나님의 사랑과 계획에 대해 구체적으로 나누어 보게 함으로써 하나님을 원망했던 자신의 자세를 돌아보고 바로잡을 수 있게 한다.)

5. 당신은 하나님을 원망해 본 적이 있는가? 어떤 이유로 하나님을 원망했으며, 그때의 감정과 원망의 결과는 어떠했는지 구체적으로 나누어 보라.

인도자 가이드 |

우리는 주로 어떤 일이 우리의 계획대로 되지 않을 때 또는 심한 상처를 받았거나 감당하기 힘든 일을 경험했을 때 원망하게 된다. (서로 그때의 감정을 나눌 때 리더는 무조건 그 감정이 잘못되었다는 식으로 이끌지 않도록 주의해야 한다. 하나님이 우리를 회복시키실 때 가장 먼저 하시는 작업이 '자기 감정 찾아주기'이다. 오히려 자신의 아팠던 감정을 솔직하게 가지고 하나님께 나아가는 것이 진정한 믿음임을 다시금 일깨워주는 것이 좋다)

6. 이스라엘 백성들의 원망에 대해 하나님께서 내놓으신 해결책은 무엇인가?(3:1)

말씀 살피기 |

만군의 여호와가 이르노라 보라 내가 내 사자를 보내리니 그가 내 앞에서 길을 준비할 것이요 또 너희가 구하는 바 주가 갑자기 그의 성전에 임하시리니 곧 너희가 사모하는 바 언약의 사자가 임하실 것이라(말 3:1)

인도자 가이드 |

이스라엘 백성들의 원망에 대해 하나님께서 내놓으신 해결책은 '여호와의 사자'를 보내시겠다는 것이었다. 3장 1절 전반절의 '내 사자'는 신약 시대를 여는 세례 요한을 의미하고(마 11:7~10; 막 1:1~4; 눅 1:76), 후반절에 등장하는 '언약의 사자'는 구원의 언약을 세우고 확증할 예수 그리스도를 가리킨다. 결국 우리의 모든 허물과 죄에 대한 하나님의 해결책은 바로 예수 그리스도의 십자가인 셈이다.

7. 본문 3장 1절에서 말하는 '언약'이란 무엇을 의미하는가?(렘 31:31~33, 겔 37:26~28)

말씀 살피기 |

여호와의 말씀이니라 보라 날이 이르리니 내가 이스라엘 집과 유다 집에 새 언약을 맺으리라 이 언약은 내가 그들의 조상들의 손을 잡고 애굽 땅에서 인도하여 내던 날에 맺은 것과 같지 아니할 것은 내가 그들의 남편이 되었어도 그들이 내 언약을 깨뜨렸음이라 여호와의 말씀이니라 그러나 그날 후에 내가 이스라엘 집과 맺을 언약은 이러하니 곧 내가 나의 법을 그들의 속에 두며 그들의 마음에 기록하여 나는 그들의 하나님이 되고 그들은 내 백성이 될 것이라 여호와의 말씀이니라(렘 31:31~33)

내가 그들과 화평의 언약을 세워서 영원한 언약이 되게 하고 또 그들을 견고하고 번성하게 하며 내 성소를 그 가운데에 세워서 영원히 이르게 하리니 내 처소가 그들 가운데에 있을 것이며 나는 그들의 하나님이 되고 그들은 내 백성이 되리라 내 성소가 영원토록 그들 가운데에 있으리니 내가 이스라엘을 거룩하게 하는 여호와인 줄을 열국이 알리라 하셨다 하라(겔 37:26~28)

인도자 가이드 |

여기서 말하는 '언약'이란 옛 시내 산 언약과 대비되는 '새 언약'으로(렘 31:31~33, 겔 37:26~28) 예수님께서 피 흘려 이루실 구원의 언약을 말한다(마 26:28). 그러나 예수님께서 세우시고 확증하실 이 새 언약은 엄밀히 말해 '구원'에서 끝나는 것이 아니다. 그 구원을 통해 하나님이 우리의 하나님이 되시고, 우리가 그의 백성이 되는 데까지 나아가는 것이다. 이 언약은 우리가 하나님과 그 말씀이 충만히 거하시는 처소로 살아갈 때, 그리고 하나님께서 우리의 아버지가 되셔서 우리 안에 거하시고 우리도 그 안에 거하는 삶을 살아갈 때 비로소 세상 가운데 드러나게 된다.

8. 이처럼 예수 그리스도를 통한 언약을 세우시고 장차 그 언약을

성취하시려는 궁극적 목적이 무엇인지에 대해 하나님은 분명하게 말씀하고 계신다. 그것을 찾아보라(3~4절).

말씀 살피기 |

그가 은을 연단하여 깨끗하게 하는 자같이 앉아서 레위 자손을 깨끗하게 하되 금, 은같이 그들을 연단하리니 그들이 공의로운 제물을 나 여호와께 바칠 것이라 그때에 유다와 예루살렘의 봉헌물이 옛날과 고대와 같이 나 여호와께 기쁨이 되려니와(말 3:3~4)

인도자 가이드 |

여호와의 사자가 오셔서 새 언약을 세우심으로 우리에게 화해와 심판을 선포하시는 이유는 바로 레위 자손을 깨끗하게 하시기 위함이다. 여기서 '레위 자손'이란 예수 그리스도를 통해 하나님을 섬기게 될 자신의 모든 백성들을 의미한다. 즉 그들을 통해 정결한 예배, 하나님의 기쁨이 되는 예배를 받고자 하시는 것이다. 그러므로 우리 인생의 궁극적인 목적은 주를 위해 일하는 것에 있는 것이 아니라 주와 동행하며 그분을 예배하는 것에 있어야 한다. 즉 온전한 예배가 인생의 궁극적 목적이다.

9. 하나님께서는 우리를 예배하는 자로 부르셨다. 그러므로 우리에게 닥치는 많은 시련들은 우리를 정결한 예배자로 세우시기 위한 연단과 표백(정화)의 작업이라고 할 수 있다(2절). 당신은 이 말에 동의할 수 있는가? 그렇지 못하다면 그 이유는 무엇이며, 또 동의한다면 우리는 삶에 대해 어떤 태도를 취해야 하는가?(고전 10:13)

말씀 살피기 |

그가 임하시는 날을 누가 능히 당하며 그가 나타나는 때에 누가 능히 서리요 그는 금을 연단하는 자의 불과 표백하는 자의 잿물과 같을 것이라(말 3:2)

사람이 감당할 시험밖에는 너희가 당한 것이 없나니 오직 하나님은 미쁘사 너희가 감당하지 못할 시험 당함을 허락하지 아니하시고 시험 당할 즈음에 또한 피할 길을 내사 너희로 능히 감당하게 하시느니라(고전 10:13)

인도자 가이드 |

하나님께서 우리에게 환란과 시험을 허락하시는 궁극적인 목적은 심판이 아니라 정금과 같이 제련하시기 위함이다. 우리는 이 말씀을 믿음으로 받아들여야 한다. 그리고 환란과 시험이 닥쳐올 때 결코 원망하거나 낙담하지 말아야 한다. 하나님께서는 우리에게 감당할 수 있을 정도의 시험만 주시고, 더불어 피할 길도 주시기 때문이다.

10. 우리가 원망하지 말아야 하는 이유에 대해 6절에서는 어떻게 설명하고 있는가? 하나님의 불변하심이 당신의 인생에 시사하는 바는 무엇인가?(히 11:6)

말씀 살피기 |

나 여호와는 변하지 아니하나니 그러므로 야곱의 자손들아 너희가 소멸되지 아니하느니라(말 3:6)

믿음이 없이는 하나님을 기쁘시게 하지 못하나니 하나님께 나아가는 자는 반드시 그가 계신 것과 또한 그가 자기를 찾는 자들에게 상 주시는 이심을 믿어야 할지니라(히 11:6)

인도자 가이드 |

하나님이 변하지 않으신다는 말씀은 우리를 향한 놀라운 계획과 궁극적 목적이 결코 변하지 않는다는 말이다. (먼저 6절 말씀을 근거로 답을 찾은 다음, 우리가 왜 하나님을 원망하면 안 되는지에 대해 각자가 생각하고 있는 이유들을 이야기해보도록 유도한다. 곧 하나님은 우리의 아빠 아버지가 되시기 때문에, 아버지로서 우리 인생에 가장 좋은 것을 주시기 때문에, 우리보다 우리를 더 잘

아시기 때문에, 원망하면 결국 나중에 후회하게 될 것이기 때문에 등의 구체적이고 개인적인 이유들을 나눌 수 있도록 돕는다.)

|다짐하기|

11. 우리는 어떤 경우에도 하나님의 신실하심을 믿고 그분을 예배해야 한다. 이를 위해 자신이 버려야 할 것과 개선해야 할 것을 구체적으로 찾아보고 지체들에게 자신의 결단을 나누어 보라.

버려야 할 것	개선방안
원망하고 부정적으로 말하는 버릇 가끔은 예배에 불참해도 된다는 생각 하나님의 계획을 믿지 못하는 불신앙	예배 지각하지 않기 하루에 한 번 긍정적인 말하기 나를 향한 하나님의 계획에 대한 믿음 고백하기

12. 한 주간의 드웰링 파트너를 정하고 서로를 위해 기도하는 시간을 가지라.

|관점 얻기|

본문 쉽게 보기

1. 여호와의 정의에 대한 백성들의 회의와 무책임한 조소(17절)

2. 여호와의 사자 파견과 언약의 사자 도래, 관계 회복 예언(3장 1~4절)

3. 선민의 연단과 여호와의 선민 견인의 예언(5~6절)

하나님의 괴로움

하나님은 이스라엘 백성들의 죄를 지적하시면서 '너희가 나를 괴롭혔다'고 말씀하신다. 그렇게 말씀하신 이유는 바로 그들의 '말' 때문이었다(17절). 여기서 '괴롭혔다'는 말은 '싫증을 냈다'는 뜻이다.

이스라엘 백성들이 여호와께 싫증이 난 이유는 17절 후반절의 '모든 악을 행하는 자야말로 여호와가 보시기에 선한 자이고, 그렇게 악을 행하는 자들이야말로 하나님께서 함께하시는 사람이며 기뻐하시는 자들이다'라는 비난조의 말에서 찾아볼 수 있다. 곧 그들은 하나님께서 선을 행하는 사람보다 오히려 악을 행하는 사람을 더 잘되게 하시는 것처럼 보인다며 하나님을 원망하고 싫증을 냈던 것이다. 그러나 사실 이는 자신들의 악행을 정당화하고 철저히 하나님을 멸시하려는 의도의 말이었다.

하나님이 정말 괴로워하시는 것은 우리가 하나님의 놀라운 계획을 믿지 않고 어려운 일이 찾아오면 늘 이런 식으로 낙담하고 직·간접적으로 하나님을 원망하는 것이다.

하나님의 해결책

원망의 말을 쉬지 않는 이스라엘 백성들을 위해 하나님께서 내놓으신 해결책은 '여호와의 사자'를 보내시는 것이었다.
3장 1절에서 "만군의 여호와가 이르노라 보라 내가 내 사자를 보내리니 그가 내 앞에서 길을 준비할 것이요 또 너희가 구하는 바 주가 갑자기 그의 성전에 임하시리니 곧 너희가 사모하는 바 언약의 사자가 임하실 것이라"라고 말씀하시는데, 여기서 '사자'라는 단어에 해당하는 히브리어가 바로 '말라기'이다. 이 말은 통상적으로 제사장이나 선지자를 지칭할 때 사용되며, 여기서는 두 가지의 의미를 나타낸다. 첫 번째 등장하는 '내 사자'는 신약 시대를 여는 세례 요한을 의미하고(마 11:7~10; 막 1:1~4; 눅 1:76), 후반절에 두 번째로 등장하는 '언약의 사자'는 여호와의 대행자로서 언약을 세우고 확증할 예수 그리스도를 의미한다.

새 언약의 목적

여기서 말하는 언약이란 옛 시내 산 언약과 대비하는 바로 '새 언약'을 말한다(렘 31:31~33, 겔 37:26~28). 이 새 언약에 대해서는 이미 이사야, 예레미야, 에스겔 선지자 모두 예언한 바 있다.
예수님께서는 이 새 언약을 확증하시면서 이는 자신의 피로 이룰 언약이라고 말씀하셨다(마 26:28). 이 언약의 궁극적인 목적은 하나님이 우리의 하나님이 되시고, 우리가 그의 백성이 되는 것이다. 하나님께서는 예수님의 피로 우리와 하나님 사이에 화해가 이루어지게 하심으로 이것을 가능하게 하시는 것이다.
구약의 대부분의 예언은 다중성, 혹은 복합성을 띠고 있다. 메시아의 초림과 재림을 구분하지 않는 점도 여기에 포함된다. 즉 말라기 선지자가 말하는 그날은 예수 그리스도의 초림을 의미하면서 동시에 심판의 날을 의미하기도 한다. 그래서 '감당할 수 없는 날, 바로 설 수조차 없는 두렵고 떨리는 날'(2절)이라고 규명한 것이다.
여호와의 사자가 이 같은 화해와 심판의 날을 통해 이루시고자 하는 바는 바로 '레위 자손을 깨끗하게 하는 것'이다. 여기서 레위 자손은 그리스도를 통해 하나님을 섬기게 될 자신의 백성들을 의미한다. 하나님께서는 우리를 예배하는 레위 자손으로 부르셨다. 그리고 우리를 통해 깨끗한 예배와 온전한 감사를 받기 원하신다.

원망하면 안 되는 이유

따라서 우리는 때때로 우리에게 다가오는 시련과 아픔, 고난들에 대해 하나님께서 우리를 깨끗하게 하시는 하나의 과정으로 여겨야 하며 그로 인해 원망해서는 안 된다.
우리가 원망하지 말아야 하는 또 다른 이유는 여호와께서는 변하지 않는 분이시기 때문이다(6절). 하나님은 비록 이스라엘 백성들이 야곱과 같이 구제불능의 죄악된 본성을 가졌지만, 꺼지지 않는 열심으로 그들을 깨끗한 레위 자손이 되게 하시겠다고 말씀하신다. 이 약속의 말씀은 우리에게도 그대로 적용된다. 따라서 우리는 어떤 경우에도 하나님을 원망하는 자리에 서서는 안 된다.
하나님은 우리에게 항상 가장 좋은 것을 주시는 아버지가 되신다는 사실 또한 우리가 원망해서는 안 되는 이유가 된다. 이 같은 하나님의 사랑을 의심하고 원망하면 반드시 나중에 후회하게 될 것이다.
성경은 '하나님께 나아가는 자는 반드시 그가 계신 것과 또한 그가 자기를 찾는 자들에게 상 주시는 이심을 믿어야 한다'(히 11:6)고 말한다. 하나님은 항상 우리에게 최선의 것을 주신다. 따라서 어떤 경우에도 원망하지 않는 것이 신성한 지혜이다.

|청년 자기 체크리스트|

아래의 체크리스트를 가지고 오늘 소그룹 모임에 임한 자신의 태도를 충분히 점검해 보라.

	점검 사항	5	4	3	2	1
준비 및 예습	본 과를 준비하면서 충분히 예습은 하였는가?					
	각 과의 분명한 목적은 알고 모임에 임했는가?					
	성령께서 나를 만지시도록 기도로 준비하였는가?					
	소그룹원들을 위해서 중보하였는가?					
	리더를 위해서 중보하였는가?					
	나를 변화시키실 하나님을 기대하는 마음으로 임했는가?					
참여 및 자세	적극적으로 질문과 대답에 참여했는가?					
	정직하게 자신을 보여주었는가?					
	지체들의 이야기에 사랑의 마음으로 공감적 경청을 하였는가?					
	모임 중 성령의 인도하심을 계속적으로 구했는가?					
	하나님께서 원하시는 것이 무엇인지 분명히 알았는가?					
	발견한 진리를 삶과 인격에 적용하기로 결단했는가?					
	이번주에 중보할 지체를 발견했는가?					
적용 및 결단	자신의 적용이 삶과 인격에 변화를 가져올 만큼 구체적인가?					
	배운 내용이 삶의 상황에 분명히 적용되었는가?					
	소그룹 모임에 대한 만족감이 있었는가?					
	배운 내용을 분명하게 정리했는가?					
	이번 과의 주제와 목적을 분명히 알게 되었는가?					
	삶과 인격의 변화를 위해 기도할 준비가 되어 있는가?					
평가	**이번주 총점**					

"그러므로 내 사랑하는 형제들아 견실하며 흔들리지 말고 항상 주의 일에 더욱 힘쓰는 자들이 되라 이는 너희 수고가 주 안에서 헛되지 않은 줄 앎이라" (고전 15:58)

- 이번주 생일 맞은 사람은?
- 이번주 소그룹 특이 사항은?
- 다음주 행사는?
- 다음주 전도할 대상은?
- 이번 달 암송 구절과 필독서는?

8과
어떻게 하여야 돌아가리이까?
말라기 3장 7~12절

현대 교회의 뜨거운 감자는 헌금일 것이다.
헌금은 율법인가, 기부인가?
헌금의 진정한 의미는 무엇이며
어떻게 하는 것이 제대로 하는 것일까?
십일조는 모세가 아니라 아브라함이 본을 보인 신앙의 고백이다.
십일조는 멜기세덱 왕을 선택할 것인지,
소돔 왕을 선택할 것인지에 대한 결단이다.
그렇기 때문에 자원하는 마음이 결여된 십일조는
이미 헌금으로서의 기능을 상실한 기부에 불과하다.
헌금은 액수의 문제이거나
수입의 10분의 1이라고 하는 산술적 개념도 아니다.
그렇다면 성경에서 말하는 십일조의 개념은 무엇이고,
또 이것이 하나님 앞에서 어떤 의미의 신앙 고백이 되는지
살펴보도록 하자.

말씀 암송 | 디모데후서 3장 16절

모든 성경은 하나님의 감동으로 된 것으로 교훈과 책망과 바르게 함과 의로 교육하기에 유익하니

|다가서기|

1. 한 주간의 드웰링을 소그룹원들과 함께 나누라.

2. 당신이 생각하는 십일조는 무엇인가? 십일조에 담겨 있는 하나님의 뜻은 무엇이라고 생각하는지 나누어 보라.

인도자 가이드 |

청년들이 가지고 있는 십일조의 개념에 대한 확인 작업이 반드시 선행되어야 한다. 그런 후에야 비로소 말씀을 통해 각자의 헌금 혹은 십일조에 대한 잘못된 인식을 개선할 수 있게 된다.

|깊이 보기| 말라기 3장 7~12절

본문은 말라기의 총 여섯 개 예언 중 그 다섯 번째로, 하나님께서 여호와의 규례를 떠나 있는 이스라엘 백성들에게 다시 돌아오라고 말씀하시는 내용이다. 하나님은 그들의 만성적인 규례 위반의 대표적인 사례로 십일조와 봉헌물에 대해 언급하시는데 이는 말라기 본문 중 우리에게 비교적 익숙한 본문이다.

3. 본문에서 하나님은 이스라엘 백성들이 '조상들의 날로부터 나의 규례를 지키지 않았다'고 말씀하신다(7절). 이 말의 의미와 그 증거는 각각 무엇인가?(8절)

말씀 살피기 |

만군의 여호와가 이르노라 너희 조상들의 날로부터 너희가 나의 규례를 떠나 지키지 아니하였도다 그런즉 내게로 돌아오라 그리하면 나도 너희에게로 돌아가리라 하였더니 너희가 이르기를 우리가 어떻게 하여야 돌아가리이까 하는도다(말 3:7)

사람이 어찌 하나님의 것을 도둑질하겠느냐 그러나 너희는 나의 것을 도둑질하고도 말하기를 우리가 어떻게 주의 것을 도둑질하였나이까 하는도다 이는 곧 십일조와 봉헌물이라(말 3:8)

인도자 가이드 |

여기서 '조상들의 날'은 출애굽 1세대의 시대부터 현재 말라기가 예언하고 있는 포로기 후기까지를 말하는 것으로, 구약의 모든 시대를 의미한다고 볼 수 있다. 따라서 구약의 모든 시대에 규례를 어겼다는 말은 결국 하나님의 관심이 그 어떤 것도 아닌 바로 그들의 '마음'에 있다는 사실을 시사한다. 하나님께서는 그들이 하나님을 떠난 증거들 중에서 대표적으로 두 가지를 말씀하신다. 그것은 바로 십일조와 헌물에 관한 것이다.

4. 성경에서 말하는 십일조는 '율법'이 아니다. 그렇게 말할 수 있는 증거가 무엇인지 이 과 뒷부분의 '관점 얻기'를 참고하여 답해보라(창 14:20, 마 23:23).

말씀 살피기 |

너희 대적을 네 손에 붙이신 지극히 높으신 하나님을 찬송할지로다 하매 아브

람이 그 얻은 것에서 십분의 일을 멜기세덱에게 주었더라(창 14:20)

화 있을진저 외식하는 서기관들과 바리새인들이여 너희가 박하와 회향과 근채의 십일조는 드리되 율법의 더 중한 바 정의와 긍휼과 믿음은 버렸도다 그러나 이것도 행하고 저것도 버리지 말아야 할지니라(마 23:23)

인도자 가이드 |

십일조는 아브라함이 예수님을 상징하는 멜기세덱 왕에게 전리품의 십분의 일을 바쳤던 것으로부터 유래하였는데 이때는 아직 율법이 주어지기 전이었다. 그런 이후에 비로소 십일조가 율법으로 선포되었고, 예수님도 이에 관해 십일조의 진정한 의미는 금액이 아니라 마음에 있다는 사실을 강조하셨다.

5. 하나님은 십일조와 헌물에 대해서 '나의 규례(7절)', '주의 것(8절)', '나의 것(8,9절)'이라는 말씀을 반복하신다. 여기서 말하는 '나의 규례', '나의 것' 등은 정확히 무엇을 의미하는 것인지 '관점 얻기' 부분을 참고하여 말해 보라.

인도자 가이드 |

'나의 규례'란 하나님의 백성으로서 지켜야 할 어떤 법이 아니라 하나님이 스스로 자신의 백성에게 아버지가 되어 주심을 의미한다. 또한 '나의 것'이란 십일조, 즉 물질(돈)이 아니라 '주님의 뜻'을 말한다. 그러므로 '나의 규례' 혹은 '나의 것'은 십일조 자체를 의미한다기보다 하나님께서 우리에게 좋은 아버지가 되어 주고자 하신다는 뜻을 담고 있는 것이다. 그리고 그 아버지의 뜻은 십일조를 통해 백성들이 자신의 모든 것이 하나님께로부터 왔음을 인정하고, 사회적 약자를 돌보는 것이었다. 그런 의미에서 십일조를 하지 않는 것은 주의 것을 도둑질한 것이 된다.

6. 이 같은 하나님의 말씀 앞에 이스라엘 백성들은 '우리가 어떻게 하여야 돌아가리이까?'라고 질문한다. 이 말의 의미는 무엇인지 '관점 얻기'를 참고하여 말해 보라. 또한 그들이 그렇게 생각한 이유는 무엇인지 당시의 상황을 통해 파악해 보라(10,11절).

말씀 살피기 |

만군의 여호와가 이르노라 너희의 온전한 십일조를 창고에 들여 나의 집에 양식이 있게 하고 그것으로 나를 시험하여 내가 하늘 문을 열고 너희에게 복을 쌓을 곳이 없도록 붓지 아니하나 보라(말 3:10)

만군의 여호와가 이르노라 내가 너희를 위하여 메뚜기를 금하여 너희 토지 소산을 먹어 없애지 못하게 하며 너희 밭의 포도나무 열매가 기한 전에 떨어지지 않게 하리니(말 3:11)

인도자 가이드 |

이스라엘 백성들이 반문한 "우리가 어떻게 하여야 돌아가리이까?"라는 말은 실제로 돌아갈 방법을 묻는 질문이 아니라 '우리는 당신을 떠난 적이 없는데, 도대체 왜 당신께 돌아가라고 합니까?'라는 의미이다.
메뚜기가 토지 소산을 먹어 치우고(11절), 포도나무 열매가 기한 전에 떨어져(11절) 집에 먹을 양식(10절)이 없는 등 당시의 상황은 복(10절)과 전혀 거리가 멀었다. 그러나 그런 상황에서도 그들은 형식적이나마 예배와 십일조 그리고 헌물까지 드렸던 것이다. 따라서 제대로 된 예배와 십일조, 헌물을 드리지 못한 것은 지금 상황이 경제적으로나 정치적으로 힘들기 때문이지 절대 신앙의 문제는 아니라고 반문하는 것이다.

7. 십일조를 드리지 않는 것에 어떤 의미가 있는지에 관해 '관점 얻기'를 읽고 새롭게 깨달은 부분이 있다면 말해 보라.

인도자 가이드 |

십일조는 금액의 문제, 곧 십분의 일은 하나님의 것이고, 나머지는 내 것이 되는 개념이 아니다. 히브리 문화에서 십분의 일은 열 개 중의 처음 것, 가장 소중한 것이라고 하는 '구별'의 의미가 있기 때문이다. 그것을 구별하여 드림으로 나머지 전부도 하나님께서 주신 것이라고 고백하는 일종의 신앙고백이다.
또한 십일조는 하나님 아버지의 뜻에 대한 동의를 고백하는 것이다. 하나님의 뜻은 십일조를 사회적 약자를 돌보고 하나님을 예배하는 기초로 삼는 것이다.
십일조는 오늘날 물질(돈)의 노예가 되어 살아가는 현대인들에게 에덴동산의 선악과와 같다. 모든 것이 가능했던 에덴동산에서 선악과는 하나님이 계시다는 사실을 기억하게 하는 일종의 장치였다. 십일조 역시 돈만 있으면 모든 것이 가능한 오늘날, 우리 삶의 주인이 우리 자신이 아니라 하나님이시라는 사실을 기억하게 하는 장치와도 같다.

8. 당신은 정직한 십일조 생활을 하고 있는가? 혹 그렇지 못하다면 그 이유는 무엇인지 솔직하게 나누어 보자.

인도자 가이드 |

청년들 가운데 의외로 십일조 생활을 하지 않는 사람들이 많다. 십일조는 자원하는 마음 없이 드리면 아무리 금액적으로 철저하게 드려도 온전한 십일조가 될 수 없다. 그러므로 아직 정직한 십일조 생활을 못하고 있다면 그 이유가 무엇인지 직접적으로 고백하는 시간을 통해 하나님의 뜻과의 거리를 좁히도록 돕는 것이 필요하다.

9. 십일조의 의미에 근거했을 때 정직한 십일조에 대한 복(12절)은 어떤 것일까?(창 12:2~3; 14:19)

말씀 살피기 |

너희 땅이 아름다워지므로 모든 이방인들이 너희를 복되다 하리라 만군의 여호와의 말이니라(말 3:12)

내가 너로 큰 민족을 이루고 네게 복을 주어 네 이름을 창대하게 하리니 너는 복이 될지라 너를 축복하는 자에게는 내가 복을 내리고 너를 저주하는 자에게는 내가 저주하리니 땅의 모든 족속이 너로 말미암아 복을 얻을 것이라 하신지라(창 12:2~3)

그가 아브람에게 축복하여 이르되 천지의 주재이시요 지극히 높으신 하나님이여 아브람에게 복을 주옵소서(창 14:19)

인도자 가이드 |

십일조의 복은 물질적인 풍요는 물론 하나님의 백성들이 받은 그 풍요로 인해 이방인들까지 복을 얻게 되는 것이다. 또한 십일조의 궁극적 목적은 다른 민족에게 하나님의 자녀가 되는 복을 나누어 주는 것인데 이는 창세기에서 명하신 복과 동일하다. 그러므로 십일조는 창세기의 '복이 되라'는 명령을 성취하는 방편인 동시에 이방 백성들에게 하나님이 우리의 아버지가 되신다는 사실을 드러내는 예배의 도구가 되는 것이다.

10. 십일조는 하나님의 뜻에 동의하며, 동시에 하나님의 아버지 되심을 인정하는 일종의 신앙 고백이다. 그동안 십일조를 어떤 의미로 생각해왔는지 각자 자신을 돌아보고, 잘못 생각했던 부분이 있다면 그것에 대해 서로 나누면서 십일조의 의미를 더욱 명확히 하는 시간으로 삼으라.

인도자 가이드 |

앞선 8번 질문은 십일조를 못하고 있는 이유를 묻는 것이고, 지금 질문은 십일조의 진정한 의미에 대해 알고 있는지를 묻는 것이다. 이 문제를 구분 지어 생각해보면서 각자 십일조의 영적 의미를 명확하게 이해하는 것이 필요하다. 분명히 주지해야 할 부분은 십일조는 금액의 문제가 아니라는 것이다. 따라서 세금을 제외시키고 구분해야 하는지 아니면 그 전에 해야 하는지의 논의는 아무 의미가 없다. 또한 십일조는 하나님의 왕 되심과 아버지 되심, 그리고 그분의 선하신 뜻에 대한 전적인 인정과 동의를 뜻하는 예배인 동시에 신앙 고백임을 확실히 해야 한다.

11. 당신의 삶 속에 하나님의 뜻과 하나님의 아버지 되심을 부인하는 행동이나 사고방식은 없는지 점검하는 시간을 가지라. 십일조뿐 아니라 다른 신앙의 태도 중에서도 무심코 하나님의 뜻과 하나님의 아버지 되심을 거부하고 있는 부분이 있을 수 있다.

인도자 가이드 |

십일조가 금액이 아니라 신앙 고백과 관계된 문제라면, 우리의 신앙생활 속에 하나님의 뜻과 아버지 되심을 부인하는 또 다른 잘못된 신앙의 태도가 존재할 수 있다. 예배를 등한시한다든지, 하나님의 뜻이 기록된 말씀을 읽지 않는다든지, 사회적 약자를 돌보지 않는다든지 등의 삶의 방식이 거기에 포함될 수 있을 것이다.

|다짐하기|

12. 십일조와 헌금은 일종의 예배이다. 각자 이 예배를 회복하기 위한 방법을 세우고 지체들에게 나누는 시간을 가지라. 단, 그 방법은 반드시 구체적이어야 한다.

인도자 가이드 |

십일조나 헌금은 예배이다. 그리고 예배의 핵심은 우리의 마음에 있고 또한 성령과 진리로 드리는 것에 있다. (소그룹원 각자 성경에서 말하는 대로 헌금 생활을 하기 위한 구체적인 계획을 세우게 한다. 또한 지금까지 온전한 헌금 생활을 하지 못했던 잘못에 대해 개선을 각오할 수 있도록 이끌어 준다.)

13. 한 주간의 드웰링 파트너를 정하고 그를 위한 중보 기도의 헌신을 약속한 뒤 기도 제목을 서로 주고 받는 시간을 가지라.

|관점 얻기|

본문 쉽게 보기

1. 만성적 규례 위반의 대표 사례인 십일조와 헌물 규례 지적(7~9절)
2. 준수에 따른 복의 도전과 준수 촉구(10~12절)

하나님을 떠난 증거

본문 7절의 '조상들의 날부터 나의 규례를 지키지 않았다'는 말은 이스라엘 백성들을 애굽에서 건져내어 언약을 맺으신 출애굽 1세대부터 현재 말라기가 예언을 선포하는 대상인 포로 후기 선민들에 이르기까지 구약의 모든 세대가 하나님의 규례를 어겼다는 말이다. 이에 이스라엘 백성들은 "우리가 어떻게 하여야 돌아가리이까?"라고 반문하는데, 이 말은 실제로 돌아갈 방법을 묻는 질문이 아니라 '우리는 당신을 떠난 적이 없는데 도대체 왜 당신에게 돌아가야 한다고 말씀하십니까?'라는 의미이다.

그들은 먹을 양식도 부족한 어려운 형편 중에도 형식적으로나마 예배를 드렸고 성전도 지으려고 노력했다. 따라서 지금 이처럼 형식적인 예배를 드리는 것은 경제적으로나 정치적으로 힘든 상황 때문이지 신앙의 문제는 아니라고 생각했다. 그렇기 때문에 자신들이 하나님을 떠난 적이 없다고 생각했던 것이다. 그런 그들에게 하나님께서는 그들이 하나님을 떠난 여러 증거들 가운데 대표적인 두 가지를 말씀하신다. 그것은 바로 십일조와 헌물이다.

십일조의 기본적인 의미

하나님께 드리는 십일조는 율법이 아니다. 십일조는 아브라함이 하나님을 상징하는 멜기세덱 왕에게 전리품의 십분의 일을 바쳤던 것으로부터 유래하였는데 이때는 아직 율법이 주어지기 전이었다. 그때 이후 아브라함이 바친 십일조를 하나님께 드리는 예배의 일부로 이해하기 시작한 것이다.

십일조 생활을 하지 않는 것에는 크게 세 가지의 의미가 있다.

첫째, 하나님의 절대주권을 인정하지 않는 것이다. 둘째, 하나님의 도움과 은혜 없이 스스로 살아가겠다는 인본주의적인 삶을 고집하는 것으로, 하나님의 아버지 되심을 거부하는 행위이다. 셋째, 사회적 약자들을 돌아보지 않는 악행이며, 하나님의 뜻에 동의하지 않는 행위이다. 이는 십일조를 하라고 하신 목적, 곧 기업이 없는 제사장을 포함하여 모든 레위인들을 공궤(供饋)하고, 가난한 고아와 과부와 나그네를 구제하며, 성전을 유지하고 보수하기 위한 목적과 관련되어 있기 때문이다.

나의 규례, 십일조

본문의 '나의 규례'란 우리에게 지키라고 주신 법을 의미하는 것이 아니라 하나님이 스스로 자신의 백성에게 아버지가 되어 주심을 뜻한다. 그러므로 십일조를 안 드리는 것은 단순히 돈을 가로채는 죄 정도가 아니라 아담이 하나님의 아버지 되어 주심을 거부했던 에덴 동산의 원죄와 같은 의미가 된다. 이런 측면에서 본다면, 오늘날 성도들이 재정적으로 어렵거나 또는 아직 신앙이 부족해서 십일조 생활을 하지 않는 것은 규례를 떠난 행위라고 할 수 없다. 오히려 신앙이 좋은 것처럼 보이거나 목사님에게 잘 보이려고, 또는 교회의 직분을 탐하는 마음으로 드리는 십일조가 오히려 규례를 떠난 행동이다. 또한 십일조를 안 드리면 반드시 하나님께서 십일조의 두 배를 가져가신다는 두려움으로 드리는 십일조도 사실상 규례를 떠난 것이다. 우리 하나님 아버지는 그런 분이 아니시기 때문이다.

'나의 것을 도둑질한 것'이란?

8절의 '나의 것'이란 십일조, 즉 물질(돈)을 말하는 것이 아니라 '주님의 뜻'을 말한다. 십일조를 드리지 않는 것은 온전한 아버지 되어 주심이라는 주님의 뜻을 인정하지 않는 것이 된다. 또한 주님의 뜻은 십일조를 가난하고 소외된 백성들을 위해 사용하는 것인데, 십일조를 드리지 않는 것은 이러한 뜻에 동의하지 않고 그 뜻을 따르는 데 불성실한 것을 의미한다. 한글성경에서는 '도둑질'이라고 표현되었지만 사실상 이 단어의 원어는 '강탈'의 의미에 가깝다. 즉 십일조를 드리지 않는 것은 상대방을 제압하고 물건을 강제로 빼앗는 강도의 행위와 같은 것이다. 세상 법적으로도 강탈은 도둑질보다 훨씬 더 죄질이 무거우며, 그런 의미에서 하나님은 십일조를 드리지 않는 것을 강도짓으로 간주하신 것이다.

신앙고백! 십일조

10절은 하나님의 복을 약속하신 구절로, 여기서 '하늘 문'은 노아 시대에 하나님께서 여셨던 '하늘의 창문들'을 말한다. 마치 그때 내렸던 비처럼 복을 내리시겠다는 말씀이다. 이 말씀은 하나님을 실제로 시험해 보라는 말씀이 아니라, '온전한 십일조를 하지 않는 자는 하나님께서 얼마나 선하신 분이신지, 또 하나님께서 얼마나 우리에게 넘치도록 복을 부어주실 수 있는 분이신지를 결코 깨닫거나 체험할 수 없다'는 말씀이다.

하나님의 아버지 되심을 체험할 수 있는 방법이 바로 십일조이다. 그래서 하나님은 이스라엘 백성들의 십일조 문제에 대해 하나님 앞에 돌아오는 문제라고 말씀하시는 것이다. 십일조는 정확히 계산된 수입의 10분의 1을 말하는 것이 아니라 오직 하나님의 것, 하나님의 뜻에 온전히 동의한다는 신앙 고백이요 예배인 것이다. 그러므로 온전한 십일조가 여호와께 돌아가는 방법이 될 수 있는 것이다.

|청년 자기 체크리스트|

아래의 체크리스트를 가지고 오늘 소그룹 모임에 임한 자신의 태도를 충분히 점검해 보라.

	점검 사항	5	4	3	2	1
준비 및 예습	본 과를 준비하면서 충분히 예습은 하였는가?					
	각 과의 분명한 목적은 알고 모임에 임했는가?					
	성령께서 나를 만지시도록 기도로 준비하였는가?					
	소그룹원들을 위해서 중보하였는가?					
	리더를 위해서 중보하였는가?					
	나를 변화시키실 하나님을 기대하는 마음으로 임했는가?					
참여 및 자세	적극적으로 질문과 대답에 참여했는가?					
	정직하게 자신을 보여주었는가?					
	지체들의 이야기에 사랑의 마음으로 공감적 경청을 하였는가?					
	모임 중 성령의 인도하심을 계속적으로 구했는가?					
	하나님께서 원하시는 것이 무엇인지 분명히 알았는가?					
	발견한 진리를 삶과 인격에 적용하기로 결단했는가?					
	이번주에 중보할 지체를 발견했는가?					
적용 및 결단	자신의 적용이 삶과 인격에 변화를 가져올 만큼 구체적인가?					
	배운 내용이 삶의 상황에 분명히 적용되었는가?					
	소그룹 모임에 대한 만족감이 있었는가?					
	배운 내용을 분명하게 정리했는가?					
	이번 과의 주제와 목적을 분명히 알게 되었는가?					
	삶과 인격의 변화를 위해 기도할 준비가 되어 있는가?					
평가	**이번주 총점**					

"그러므로 내 사랑하는 형제들아 견실하며 흔들리지 말고 항상 주의 일에 더욱 힘쓰는 자들이 되라 이는 너희 수고가 주 안에서 헛되지 않은 줄 앎이라" (고전 15:58)

– 이번주 생일 맞은 사람은?
– 이번주 소그룹 특이 사항은?
– 다음주 행사는?
  다음주 전도할 대상은?
– 이번 달 암송 구절과 필독서는?

9과
어떻게 특별한 소유가 되나이까?

말라기 3장 13~18절

구약의 마지막 책이 우리에게 말하는 마지막 교훈은 무엇일까?
그것은 놀랍게도 말에 관한 것이다.
우리가 하나님께 한 말이 아니라 피차간에 한 말이
말세에는 의인과 악인을 나누는 기준이 된다고 말씀하신다.
그렇다면 과연 이 말이라는 것은 무엇일까?
말은 우리의 마음가짐과 삶의 진면목을 결정하는 것이기 때문에
사소하게 생각되는 말 속에
우리의 영혼을 결정짓는 중요한 변수가 있기 쉽다.
우리의 모습 중에 스스로 자신에게 실망하여
더 이상 가치 없다고 여기는 '하나님의 것'은 없는지 확인해야 한다.
그런 것들이 쌓여 불신앙의 말들을 만들기 때문이다.
우리의 말을 점검하면서
우리의 마음과 삶의 자리를
심도 있게 확인해 보는 시간을 가져보자.

말씀 암송 | 디모데후서 3장 16절

모든 성경은 하나님의 감동으로 된 것으로 교훈과 책망과 바르게 함과 의로 교육하기에 유익하니

|다가서기||

1. 한 주간의 드웰링을 나누라.

2. 당신은 말 때문에 상처받거나 상처를 준 경험이 있는가? 그때의 상항을 나누어 보고, 그 사건을 통해 말에 대해 새롭게 알게 되었거나 다짐한 것들이 있다면 나누어 보자.

|깊이 보기|| 말라기 3장 13~18절

본문은 이스라엘의 죄에 대한 마지막 책망으로, 여호와를 대적하는 백성들의 행태에 대해 주로 다루면서 그럼에도 한결같이 여호와를 경외하는 자들에게는 약속하신 복이 임할 것에 대해 말하고 있다.

3. 하나님께서 말라기를 통해 마지막으로 지적하시는 이스라엘의 죄(13절)와 그 구체적인 내용은 무엇인지 확인해 보라(14~15절).

말씀 살피기 |

여호와가 이르노라 너희가 완악한 말로 나를 대적하고도 이르기를 우리가 무슨 말로 주를 대적하였나이까 하는도다(말 3:13)

이는 너희가 말하기를 하나님을 섬기는 것이 헛되니 만군의 여호와 앞에서 그 명령을 지키며 슬프게 행하는 것이 무엇이 유익하리요 지금 우리는 교만한 자가 복되다 하며 악을 행하는 자가 번성하며 하나님을 시험하는 자가 화를 면한다 하노라 함이라(말 3:14~15)

인도자 가이드 |

하나님께서 지적하신 또 하나의 죄는 '완악한 말로 여호와를 대적한 것'이다. 이는 구체적으로, 여호와를 섬기는 것이 헛되고, 그 명령을 지키는 것도 아무 유익이 없을 뿐더러 교만한 자가 복을 더 많이 받고 번성하며, 여호와를 시험하는 자가 화를 면한다고 하는 내용의 말들이었다.

4. 본문 중 '하나님을 섬기는 것이 헛되고, 슬프게 행하는 것이 무익하다'는 말은 어떤 배경에서 나온 것일까? 당시의 시대적·사회적 상황을 고려하여 생각을 나누어 보라(14~15절).

말씀 살피기 |

이는 너희가 말하기를 하나님을 섬기는 것이 헛되니 만군의 여호와 앞에서 그 명령을 지키며 슬프게 행하는 것이 무엇이 유익하리요 지금 우리는 교만한 자가 복되다 하며 악을 행하는 자가 번성하며 하나님을 시험하는 자가 화를 면한다 하노라 함이라(말 3:14~15)

인도자 가이드 |

당시 이스라엘은 정치적 · 경제적으로 상당히 어렵고 핍절한 시기에 있었다.

그런데 주위를 둘러보니 교만한 자가 잘되고, 악을 행하는 자가 오히려 더 번성하며, 심지어 하나님을 시험하는 자도 화를 면하는 것처럼 보였다. 그래서 그들의 말에 불평과 원망이 있었던 것이다. 그들이 무엇 때문에 슬퍼했는지는 알 수 없지만, 자신들의 죄로 인한 슬픔이 아니었던 것은 분명하다. 오히려 '슬퍼하면 복을 주시겠지!', '슬퍼하면 하나님께서 더 빨리 응답하시겠지!' 하는 식의 불순한 동기로 만들어진 가식적인 감정에 지나지 않았다.

5. 오늘날에도 하나님을 믿지 않는 사람이 복을 더 많이 받는 것처럼 보이는 일들이 많다. 그 같은 모습을 보면서 당신은 어떤 생각을 하는가? 혹 당시 이스라엘 백성들처럼 생각하지는 않는가?

인도자 가이드 |

오늘날에도 하나님을 알지 못하는 사람들이 속임수와 술수로 오히려 더 높은 자리를 차지하고 잘되는 것 같은 모습을 종종 볼 수 있다. 커닝을 한 친구가 더 좋은 점수를 받고, 대리 출석을 일삼는 친구가 학점이 더 좋으며, 속임수를 쓴 사람이 많은 재물을 축적하는 경우 등이 이에 해당할 것이다. 그런 모습을 보면 가끔 그들처럼 행동하고 싶은 유혹을 받게 된다. 또한 여호와를 섬기는 것이 헛되다는 생각이 들기도 한다. 그러나 그때마다 악인은 반드시 망한다는 사실을 떠올릴 필요가 있다.

6. 본문 16절은 말세를 살아가는 우리에게 하나님이 어떤 분이신지에 대해 말씀하시는 구절이다. 말세의 하나님은 어떤 분이신지 한 마디로 답해 보라(16절).

말씀 살피기 |

그때에 여호와를 경외하는 자들이 피차에 말하매 여호와께서 그것을 분명히 들으시고 여호와를 경외하는 자와 그 이름을 존중히 여기는 자를 위하여 여호와 앞에 있는 기념책에 기록하셨느니라(말 3:16)

인도자 가이드 |

말세의 하나님은 '들으시는 분'이시다. 여기서 중요한 것은 '무엇을 들으시는가' 인데, 본문은 하나님께서 우리가 하나님께 직접적으로 하는 말을 들으시는 것이 아니라 '피차에 하는 말'을 들으신다고 기록한다. 즉 우리가 서로에게 하는 신앙적 혹은 불신앙적 말들을 들으시고 그에 따라 하나님을 경외하는 자와 그렇지 않은 자로 구분하시겠다는 것이다.

7. 본문에 의하면 하나님을 경외하는 자와 그렇지 않은 자를 나누는 기준이 무엇인가?(16, 18절) 당신이 평소에 자주 하는 말들을 점검해 보고 자신은 어느 부류에 속할 것 같은지 나누어 보라.

말씀 살피기 |

그때에 여호와를 경외하는 자들이 피차에 말하매 여호와께서 그것을 분명히 들으시고 여호와를 경외하는 자와 그 이름을 존중히 여기는 자를 위하여 여호와 앞에 있는 기념책에 기록하셨느니라(말 3:16)

그때에 너희가 돌아와서 의인과 악인을 분별하고 하나님을 섬기는 자와 섬기지 아니하는 자를 분별하리라(말 3:18)

인도자 가이드 |

하나님은 우리가 서로 피차간에 하는 말을 들으시는 분이다. 하나님께 직접적으로 악한 말을 하는 사람은 거의 없을 것이다. 그러나 사람 간에는 부정적인 이야기와 음담패설, 혹은 하나님 앞에서는 할 수 없는 불경건한 말들을 하는 경우가 많이 있다. 말세에는 이런 피차간의 대화 내용이 의인과 악인을 나누는 기준이 된다는 사실을 명심하면서 지금 자신의 모습을 점검하는 시간이 되게 한다.

8. 하나님은 우리의 생각은 물론 우리가 하는 말에 매우 민감하시다. 다음 성경 구절들과 '관점 얻기'를 참조하여 그 이유가 무엇인지 생각해 보라.

① 민수기 14:28 – 들린 대로 행하시는 하나님

말씀 살피기 |
그들에게 이르기를 여호와의 말씀에 내 삶을 두고 맹세하노라 너희 말이 내 귀에 들린 대로 내가 너희에게 행하리니(민 14:28)

② 이사야 57:19 – 입술의 열매를 창조하시는 하나님

말씀 살피기 |
입술의 열매를 창조하는 자 여호와가 말하노라 먼 데 있는 자에게든지 가까운 데 있는 자에게든지 평강이 있을지어다 평강이 있을지어다 내가 그를 고치리라 하셨느니라(사 57:19)

③ 잠언 18:21 – 사람은 혀의 열매를 먹고 살게 된다고 하신 하나님

말씀 살피기 |
죽고 사는 것이 혀의 힘에 달렸나니 혀를 쓰기 좋아하는 자는 혀의 열매를 먹으리라(잠 18:21)

④ 야고보서 3:6 – 혀가 인생을 결정한다고 말씀하신 하나님

말씀 살피기 |

혀는 곧 불이요 불의의 세계라 혀는 우리 지체 중에서 온 몸을 더럽히고 삶의 수레바퀴를 불사르나니 그 사르는 것이 지옥 불에서 나느니라(약 3:6)

인도자 가이드 |

하나님께서 '말'에 민감하신 이유는, 하나님께서 말씀으로 천지를 창조하여 다스리셨기 때문이다. 또한 창조하신 세상을 사람으로 하여금 다스리도록 하기 위해 그 사람을 특별히 자신의 형상으로 만드셨다. 여기에는 사람도 하나님처럼 말로 세상을 통치할 수 있도록 하시려는 의도가 내포되어 있다. 따라서 우리는 부정적이고 불신앙적인 말들을 청산하고 이 창조적인 능력의 말을 회복해야 한다. 그것이 말세에 하나님께서 우리들에게 원하시는 것이다.

이런 맥락에서 사도 요한은 예수님의 성육신에 대해 '태초에 말씀으로 계셨던 분이 오신 것'이라고 증거 한다. 따라서 예수님을 믿는다는 말은 전인격의 회복은 물론 그로 인해 창조적 말의 능력이 회복되는 것을 의미한다.

9. 하나님께서 의로운 말을 하는 사람에게 주시는 두 가지 복은 무엇인가?(17절)

말씀 살피기 |

만군의 여호와가 이르노라 나는 내가 정한 날에 그들을 나의 특별한 소유로 삼을 것이요 또 사람이 자기를 섬기는 아들을 아낌같이 내가 그들을 아끼리니(말 3:17)

인도자 가이드 |

첫째는 하나님의 특별한 소유로 삼으시는 복이고, 둘째는 아들을 아낌같이 그들을 아끼시는 복이다. 여기서 '아낀다'의 원어적 의미는 너무 불쌍히 여기기 때문에 마땅히 죽여야 할 상황에서도 죽이지 않고 생명을 보존해 주는 것을 말한다. 이는 곧 예수 그리스도께서 우리를 위해 하신 일을 예표한 것이다.

10. 말세에 하나님께서 우리를 의인과 악인으로 나누시는 기준은 우리의 '말'에 있다(18절). 당신의 말은 주로 하나님을 경외하는 말들인가 아니면 단순히 사실을 표현하고 정보를 전달하는 정도의 말들인가?

말씀 살피기 |

그때에 너희가 돌아와서 의인과 악인을 분별하고 하나님을 섬기는 자와 섬기지 아니하는 자를 분별하리라(말 3:18)

인도자 가이드 |

우리는 하나님께서 우리가 피차간에 하는 말을 모두 듣고 계신다는 사실을 늘 기억해야 한다. (이 시간을 통해 각자 자신의 언어 습관을 돌아보게 하라.)

|다짐하기|

11. 우리가 하나님의 특별한 소유가 될 수 있는지의 여부는 서로간에 사용하는 말에 달려 있다. 자신의 언어 생활을 점검해 본 뒤 개선하고 회복해야 할 부분에 대해 구체적인 계획을 세우고 서로 나누어 보라.

내가 사용하는 말	점 수
성적인 농담	5 4 3 2 1
남의 약점에 대해 이야기 하는 것	5 4 3 2 1
제3자에 대한 험담	5 4 3 2 1
'~해서 죽겠다'는 식의 말	5 4 3 2 1
욕심이 담겨 있는 말	5 4 3 2 1
시기하는 말	5 4 3 2 1
욕설	5 4 3 2 1

※ 점수가 높을수록 언어 생활에 개선할 점이 많은 것이다.

개선과 회복을 위한 구체적인 계획
위에서 언급된 언어생활의 점수를 확인하고, 가장 높은 점수를 얻은 항목의 사용을 줄이기 위한 자신만의 구체적인 계획을 세워 나누도록 한다. 예를 들면 매일 '감사하다'는 말을 10번 한다든지, '죽겠네'라는 말은 '주께 있네'로 바꾸겠다든지 하는 것 등이다.

12. 한 주간의 드웰링 파트너를 정하고 서로의 기도 제목과 삶을 나누라.

|관점 얻기|

본문 쉽게 보기

1. 여호와를 대적하는 형태의 지적(13~15절)

2. 여호와를 경외하는 자들의 선악 구별과 축복 실현 예언(16~18절)

슬프게 행하는 것?

하나님께서 구약의 마지막 책에서 문제시하고 있는 것은 바로 '말'이다. 13절의 '대적했다'는 말은 '끈질기게 매달린다'라는 뜻으로 애굽 왕 바로가 열 가지의 재앙에도 불구하고 끈질기게 완고한 태도를 취했던 것을 표현할 때 사용되었던 말이다. 즉 대적한다는 것은 하나님의 말씀에 굴복하지 않고 끈질기게 고집을 피우는 것을 의미한다. 다시 말해 완악한 것이 곧 대적하는 것이다.

14절에 "하나님을 섬기는 것이, 그 명령을 지키며 슬프게 행하는 것이 헛되고 무익하다"는 말은 회개로써의 슬픔이 아니다. 그들이 무엇 때문에 슬퍼했는지 알 수는 없지만, 분명한 것은 그들의 슬픔은 죄 때문이 아닌 '슬퍼하면 복을 주시겠지!', '슬퍼하면 하나님께서 더 빨리 응납하시겠지!'하는 생각을 가지고 만들어냈던 감정이다.
죄를 지으면 더 슬퍼해야 더 잘 용서해 주실 것이라고 하는 사고, 하지만 연이어 그 죄를 또 짓게 되면 하나님 앞에 슬프게 행하는 것이 아무 소용이 없다고 결론을 내리는 것과 같다.

말에 민감하신 하나님

이런 상황에서 16절은 말세에 하나님은 우리가 서로 피차에 하는 말을 들으시고 그것으로 경외하는 자와 그렇지 않은 자를 구별하시겠다는 말씀이다. 여기서 "들으신다"는 말씀은 하나님께서 다른 모든 것을 제쳐놓고 한 마디도 놓치지 않고 정확하게 다 들으시고 기억하신다는 강조의 말씀이다. 말세는 하나님의 백성들이 함부로 말하고 마치 하나님을 믿으면 더 손해인 것처럼 말하는 시대이다.

성경의 많은 부분은 말에 민감하신 하나님에 대해 소개한다. 이사야 57장 19절에서는 여호와를 "입술의 열매를 창조하는 자"라고 소개하고, 민수기 14장 28절에서는 가나안 사람으로 인해 '이제 우린 죽었다'고 말하는 백성들에게 "너희 말이 내 귀에 들린 대로 내가 너희에게 행하리니"라고 말씀하신다. 그래서 잠언 18장 21절에서는 "죽고 사는 것이 혀의 힘에 달렸나니" 라고 말하는 것이다.

창조적 말의 회복

하나님께서 말에 민감하신 이유는 하나님께서 말씀으로 천지를 창조하여 다스리셨으며, 사람을 하나님의 형상으로 만드셨기 때문이다. 이 말은 사람에게 하나님처럼 말로 세상을 통치하게 하시려는 의도가 있으셨다는 뜻이다. 이런 상황에서 '태초에 말씀으로 계셨던 예수가' 오신 것이다. 이 말은 예수를 믿는다는 것은 우리의 전인격의 회복을 의미함과 동시에 그로 인해 창조시의 그 창조적 말의 능력이 회복되는 것을 의미한다. 또한 야고보는 말이 인생을 결정한다고 말한다. 즉 부정적으로 말하는 사람의 인생은 부정적인 방향으로 가고, 긍정적으로 말하는 사람의 인생은 긍정적으로 간다는 말이다.

말의 축복

하나님은 의로운 말을 하는 자에게 복을 약속하신다. 그 복은 그를 기념책에 기록하셔서 영원히 기억하시며 동시에 특별한 소유를 삼으셔서 아끼시는 것이다. 하나님의 특별한 소유의 특징은 하나님께서 아끼시는 것이다. '아낀다'는 말은 너무 불쌍히 여기기 때문에 마땅히 죽여야 할 상황에서도 죽이지 않고 생명을 보존해 주는 것을 말한다. 이는 곧 예수 그리스도의 대속의 사랑을 의미한다. 결론인 18절 말씀을 정확하게 번역하면, '그때에 너희는 의인과 악인 사이의 차이를, 그리고 하나님을 섬기는 자와 섬기지 않는 자의 차이를 다시 한 번 볼 것이다'라는 의미이다. 그 차이가 바로 말에 있다는 점은 밀세에 주목할 필요가 있는 대목이다

|청년 자기 체크리스트|

아래의 체크리스트를 가지고 오늘 소그룹 모임에 임한 자신의 태도를 충분히 점검해 보라.

	점검 사항	5	4	3	2	1
준비 및 예습	본 과를 준비하면서 충분히 예습은 하였는가?					
	각 과의 분명한 목적은 알고 모임에 임했는가?					
	성령께서 나를 만지시도록 기도로 준비하였는가?					
	소그룹원들을 위해서 중보하였는가?					
	리더를 위해서 중보하였는가?					
	나를 변화시키실 하나님을 기대하는 마음으로 임했는가?					
참여 및 자세	적극적으로 질문과 대답에 참여했는가?					
	정직하게 자신을 보여주었는가?					
	지체들의 이야기에 사랑의 마음으로 공감적 경청을 하였는가?					
	모임 중 성령의 인도하심을 계속적으로 구했는가?					
	하나님께서 원하시는 것이 무엇인지 분명히 알았는가?					
	발견한 진리를 삶과 인격에 적용하기로 결단했는가?					
	이번주에 중보할 지체를 발견했는가?					
적용 및 결단	자신의 적용이 삶과 인격에 변화를 가져올 만큼 구체적인가?					
	배운 내용이 삶의 상황에 분명히 적용되었는가?					
	소그룹 모임에 대한 만족감이 있었는가?					
	배운 내용을 분명하게 정리했는가?					
	이번 과의 주제와 목적을 분명히 알게 되었는가?					
	삶과 인격의 변화를 위해 기도할 준비가 되어 있는가?					
평가	**이번주 총점**					

"그러므로 내 사랑하는 형제들아 견실하며 흔들리지 말고 항상 주의 일에 더욱 힘쓰는 자들이 되라 이는 너희 수고가 주 안에서 헛되지 않은 줄 앎이라" (고전 15:58)

– 이번주 생일 맞은 사람은?
– 이번주 소그룹 특이 사항은?
– 다음주 행사는?
– 다음주 전도할 대상은?
– 이번 달 암송 구절과 필독서는?

10과
어떻게 영적 준비를 하리이까?

말라기 4장 1~6절

이제 곧 주님이 오실 것이다.

당신은 주님의 재림에 대한 실존적 인식이 있는가?

수많은 역사적 사건들이 과거가 되었다면

성경에서 말하는 역사적 사건들 역시

이제 곧 현실이 되고, 과거가 될 것이다.

성경은 우리에게 이에 대해 준비해야 할 것을 교훈한다.

이번 과를 통해 신약이 아닌 구약의 마지막 책에서는

주님의 재림의 때를 어떻게 준비하라고 말하는지 살펴보자.

이 교훈은 예수님의 초림으로 현실화되었고,

그의 재림 시에 실제적 가치를 발하게 될 것이다.

여기서는 재림 준비에 대한 구약적 관점을 배워보자.

말씀 암송 | 요한복음 15장 7절

너희가 내 안에 거하고 내 말이 너희 안에 거하면 무엇이든지 원하는 대로 구하라 그리하면 이루리라

|다가서기|

1. 한 주간의 드웰링을 나누는 시간을 가지라.

2. 당신은 언젠가 주님이 재림하실 것을 믿는가? 그렇지 못하다면 그 이유는 무엇이고, 또 그 사실을 믿는다면 어떻게 준비하는 것이 바람직하다고 생각하는가?

재림(再臨)

인도자 가이드 |

재림 신앙을 갖는 것은 참으로 중요한 일이다. 거기에서 인내와 연단이 싹트고 소망이 자라기 때문이다. 그러나 요즘 청년들은 재림 신앙을 약간 기피하는 경향이 있다. 이유는 다양하겠지만 극단적 종말론의 폐해일 수도 있고, 현 생활에 지나치게 안주하려는 심산 때문일 수도 있다. 그러나 재림 신앙을 확고히 하는 것은 무엇보다 중요한 일이다.

|깊이 보기| 말라기 4장 1~6절

본문은 말라기의 결말이지만, 구약 전체의 결론이라고도 할 수 있다. 원문상 본문은 3장의 후반부에 속한다. 따라서 4장 1절은 3장 19절이 되고, 4장 6절은 3장 24절이 된다. 이 말은 곧 4장의 내용이 3장의 내용과 밀접한 연관성을 가지고 있음을 뜻한다.
선민 이스라엘의 타락에 대한 책망과 택한 자를 향한 하나님의 무조건적인 사랑을 말씀하신 여섯 편의 단편 예언들에 이어 이제 주님의 오심으로 인한 구원과 심판이 임할 때 갖추어야 하는 영적 준비에 대해서 말씀하신다.

3. 본문 1절에서 말하는 '용광로 불 같은 날'은 어떤 날을 의미하는가? 그날에 대해 각 절이 묘사하는 바는 무엇인가?(1~3절)

인도자 가이드 |
'용광로 불 같은 날'은 예수 그리스도의 재림뿐 아니라 초림도 의미한다고 볼 수 있다. 구약의 예언은 소위 '예언의 다중성 또는 복합성'이라고 해서 예수 그리스도의 초림과 재림을 구분 없이 '그날'이라고 묘사하기 때문이다.

① 1절 – 교만한 자와 악을 행하는 자는 다 지푸라기같이 됨

말씀 살피기 |
만군의 여호와가 이르노라 보라 용광로 불 같은 날이 이르리니 교만한 자와 악을 행하는 자는 다 지푸라기 같을 것이라 그 이르는 날에 그들을 살라 그 뿌리와 가지를 남기지 아니할 것이로되(말 4:1)

② 2절 – 여호와의 이름을 경외하는 자들은 공의로 치료받아 기뻐하게 됨

말씀 살피기 |

내 이름을 경외하는 너희에게는 공의로운 해가 떠올라서 치료하는 광선을 비추리니 너희가 나가서 외양간에서 나온 송아지같이 뛰리라(말 4:2)

③ 3절 – 의인이 악을 밟고 승리하게 됨

말씀 살피기 |

또 너희가 악인을 밟을 것이니 그들이 내가 정한 날에 너희 발바닥 밑에 재와 같으리라 만군의 여호와의 말이니라(말 4:3)

4. 본문 1~3절은 우리의 부족함에도 불구하고 온전한 승리가 주어질 것이라고 말하고 있다. 당신은 자신의 부족함에도 불구하고 재림의 날에 주어질 온전한 승리를 확신하는가? 그렇지 못하다면 그 이유가 무엇인가?(롬 8:1~2)

말씀 살피기 |

그러므로 이제 그리스도 예수 안에 있는 자에게는 결코 정죄함이 없나니 이는 그리스도 예수 안에 있는 생명의 성령의 법이 죄와 사망의 법에서 너를 해방하였음이라(롬 8:1~2)

인도자 가이드 |

이 승리는 우리의 능력이 아니라 하나님의 능력으로 주어지는 것이다. 그러므로 우리가 해야 할 것은 오직 그분의 말씀을 지키고 그분을 경외하며 높이는 삶을 살면 되는 것이다. 그러므로 예배는 승리를 기억하는 축제인 것이다. 우리의 확신은 이 영적 전쟁의 최종적 승리에 전혀 영향을 미치지 못한다.

5. 이런 온전한 승리를 기대하는 자들에게 말라기는 크게 두 가지를 준비해야 한다고 말한다. 그 첫 번째는 무엇이며, 또 그 의미는 무엇이라고 생각하는가?(4절)

말씀 살피기 |

너희는 내가 호렙에서 온 이스라엘을 위하여 내 종 모세에게 명령한 법 곧 율례와 법도를 기억하라(말 4:4)

인도자 가이드 |

모세에게 명령한 법, 곧 율례와 법도를 기억하는 것이다. 이 말은 하나님의 법을 잊지 말고 삶 속에서 행하라는 의미가 포함되어 있다. '법'은 구약의 율법 전체를 의미하고, '율례'는 하나님의 다스리심을 표현하는 모든 방식의 삶의 스타일을 말한다. 결국 하나님은 우리에게 말씀을 기억함으로 믿음이 삶으로 나타나는 것을 원하신다.

6. 당신은 삶 속에서 이 첫 번째 것을 준비하고 있는가? 그렇지 못하다면 그 이유는 무엇이라고 생각하는가?

인도자 가이드 |

말씀을 기억하라는 말씀은 말씀을 기억하여 그대로 살아내라는 말씀이다. 결국 말세에 하나님께서 우리에게 원하시는 것은 더 많은 성경 지식이 아니라 성경대로 살아가는 삶이다. 우리는 우리의 신앙이 지적 성숙에만 머물러 있지는 않은지 점검할 필요가 있다.

7. 재림을 준비하는 우리에게 준비하라고 하신 두 번째 것은 무엇인가?(5-6절 상반절) 그 의미는 무엇이라고 생각하는가?

말씀 살피기 |

보라 여호와의 크고 두려운 날이 이르기 전에 내가 선지자 엘리야를 너희에게 보내리니 그가 아버지의 마음을 자녀에게로 돌이키게 하고 자녀들의 마음을 그들의 아버지에게로 돌이키게 하리라 돌이키지 아니하면 두렵건대 내가 와서 저주로 그 땅을 칠까 하노라 하시니라(말 4:5~6)

인도자 가이드 |

두 번째로 하나님이 원하시는 것은 우리의 마음을 하나님께로 돌이키는 것이다. 이는 죄 짓기에 급한 우리의 마음이 하나님을 아버지로 다시 기억하고 돌아가는 것을 의미한다. 이 돌이켜야 되는 시점은 여호와의 크고 두려운 날이 임하기 전이다. 즉 예수님이 오시기 전, 엘리야가 올 때이다.

8. 말라기 4장 4~6절을 성취하는 신약의 사건이 있다. 그 사건이 무엇이며 그 의미는 무엇이라고 생각하는가?(눅 9:28~36)

말씀 살피기 |

이 말씀을 하신 후 팔 일쯤 되어 예수께서 베드로와 요한과 야고보를 데리고 기도하시러 산에 올라가사 기도하실 때에 용모가 변화되고 그 옷이 희어져 광채가 나더라 문득 두 사람이 예수와 함께 말하니 이는 모세와 엘리야라 영광 중에 나타나서 장차 예수께서 예루살렘에서 별세하실 것을 말할새 베드로와 및 함께 있는 자들이 깊이 졸다가 온전히 깨어나 예수의 영광과 및 함께 선 두 사람을 보더니 두 사람이 떠날 때에 베드로가 예수께 여짜오되 주여 우리가 여기 있는 것이 좋사오니 우리가 초막 셋을 짓되 하나는 주를 위하여 하나는 모세를 위하여 하나는 엘리야를 위하여 하사이다 하되 자기가 하는 말을 자기도 알지 못하더라 이 말 할 즈음에 구름이 와서 그들을 덮는지라 구름 속으로 들어갈 때에 그들이 무서워하더니 구름 속에서 소리가 나서 이르되 이는 나의 아들 곧 택함을 받은 자니 너희는 그의 말을 들으라 하고 소리가 그치매 오직 예수만 보이더라 제자들이 잠잠하여 그 본 것을 무엇이든지 그때에는 아무에게도 이르지 아니하니라(눅 9:28~36)

인도자 가이드 |

변화산의 환상은 말라기 말씀의 성취를 보여주기 위해 상징적으로 일어난 사건이다. 이 사건에 등장하는 인물이 바로 모세와 엘리야이며, 이들이 예수님의 사역에 대해 말해주었다. 제자들이 엘리야의 강림에 대한 예언의 의미를 물었을 때, 예수님께서는 엘리야가 이미 왔으나 사람들이 그를 임의로 대우했다고 말씀하심으로 그가 바로 세례 요한임을 시사하셨다.

9. 심판의 때에 두 가지를 준비하라는 말씀은 말세에 이 두 가지가 흔치 않을 것이라는 뜻이다. 주의 말씀을 기억하고, 우리 마음을 주께로 돌이키는 이 두 가지 일이 왜 그렇게 중요한지 각자의 생각을 나누어 보자.

인도자 가이드 |

말라기가 말한 것처럼 말세에는 많은 사람들이 하나님을 믿는 것이 헛되다고 생각하게 된다. 그렇기 때문에 말씀을 기억하고 그것을 지키는 삶이 필요한 것이다. 또한 말세는 마음이 하나님으로부터 떠나고 형식과 전통만 남는 시대라고 할 수 있을 것이다. 그래서 하나님은 우리의 마음을 돌이키라고 하시는 것이다.

10. 교회는 다음 세대를 세우는 것이 필연적 사명이다. 이는 선택 사항이 아니다. 본문은 그 이유가 무엇이라고 설명하고 있는가?(6절)

말씀 살피기 |

그가 아버지의 마음을 자녀에게로 돌이키게 하고 자녀들의 마음을 그들의 아버지에게로 돌이키게 하리라 돌이키지 아니하면 두렵건대 내가 와서 저주로 그 땅을 칠까 하노라 하시니라(말 4:6)

인도자 가이드 |

6절에서 말하는 아버지의 마음을 아들에게, 아들의 마음을 아버지에게 돌이키는 것은 다음 세대를 하나님께로 돌이키라는 말이다. 아버지의 마음과 의인의 슬기, 자식의 마음과 거스르는 자가 동의적 표현이다. 그러므로 이 표현은 이스라엘 백성들의 조상의 신앙을 부패한 그 후손들의 마음에도 허락하시겠다는 말씀이다. 그래서 경건한 후손들이 되게 하시겠다는 것이다. 세례 요한의 탄생을 고지한 가브리엘 천사장도 요한에 대해서 아버지의 마음을 자식에게 돌아오게 하고, 거스르는 자를 의인의 슬기에 돌아오게 하는 사명을 맡았다고 진술했다(눅 1:17).

|다짐하기|

11. 심판의 영광스러운 날을 준비하기 위해 우리는 주의 말씀을 기억하여 지키는 삶을 살아야 한다. 당신의 삶은 주의 말씀을 기억하여 지키는 삶인가? 그렇지 않다면 그 이유는 무엇인지, 그리고 말씀을 지키기 위해 어떻게 할 것인지 구체적인 계획을 나누어 보라.

인도자 가이드 |

우리가 말씀을 지키지 않는 삶을 사는 것에는 여러 가지 이유가 있다. 바빠서, 혹은 중요성을 느끼지 못해서, 하나님의 말씀을 몰라서 등이 그 이유가 될 수 있다. 그러나 우리가 하나님의 말씀을 기억하고 지키지 않는 궁극적인 이유는 하나님을 사랑하지 않기 때문이다. 이제 우리는 다시 우리의 삶을 점검하고 구체적으로 어떻게 말씀을 읽을 것인지 계획을 세워야 한다. 이를 위해 소그룹에서는 서로의 말씀의 삶을 점검하는 시스템이나 언약 맺기 등을 활용할 수 있다.

12. 두 번째로 우리가 해야 할 것은 우리의 마음을 하나님께로 돌이키는 것이다. 당신은 하나님께 마음으로 예배드리는가? 그렇지 못하다면 그 이유는 무엇인지, 그리고 마음을 하나님께로 돌이키기 위한 구체적인 방법은 무엇이 있는지 나누어 보라.

인도자 가이드 |

이 부분은 상대적인 지적이다. 즉 마음이 아니라 다른 것들, 형식, 전통, 물질만 하나님께 드리면서 마음은 없는 것을 말씀하시는 것이다. 하나님을 높이는 모든 행위에는 마음이 반드시 들어가야 한다. 왜 마음이 하나님께 드려지지 못하는지 점검하도록 도우라. 그리고 마음으로 예배하기 위한 방식을 나누어 보라. 결국 이것 역시 하나님을 내가 얼마나 사랑하느냐의 문제이다. 이 사랑을 결정하는 것은 하나님께서 나를 어떻게 사랑하셨는지를 기억하고 확인하며 사는 것이다.

13. 한 주간의 드웰링 파트너를 정하고 서로의 기도 제목을 나누라.

|관점 얻기|

본문 쉽게 보기

1. 심판의 날의 의인과 악인의 온전한 구별 예언(1~3절)

2. 선민을 향하신 율법의 준수 촉구(4절)

3. 여호와의 날에 앞선 엘리야의 파송과 사역 예언(5~6절)

구약의 결론

타락을 책망하시고 택한 자를 향한 하나님의 무조건적 사랑을 말씀하신 여섯 편의 단편 예언들에 이어 이제 주님의 오심으로 인한 구원과 심판이 임할 때 선민이 갖추어야 하는 영적 준비가 무엇인지 말씀하고 있다. 1절의 '용광로 불 같은 날'은 재림의 날만을 의미하지 않고 초림을 포함하는 말이다. 구약의 예언은 소위 '예언의 다중성, 복합성'이라고 해서 예수 그리스도의 초림과 재림을 구분 없이 '그날'이라고 묘사하기 때문이다. 특히 4절부터 6절은 말라기 전체를 요약해 놓은 것으로 구약의 결론이라고 말할 수 있다. 그것은 모세에게 명령한 율법과 법도를 기억하고 우리 마음을 하나님께로 돌리는 것이다.

율법을 기억하라

심판의 날을 준비하는 자에게 주어지는 첫 번째 명령은 모세의 율법을 기억하라는 것이다. 이 말은 단순히 기억하라는 말이 아니라 잊지 말고 삶 속에서 지켜 행하라는 의미가 포함되어 있다. '법'은 구약의 율법 전체를 말하고, '율례'는 하나님의 다스리심을 표현하는 모든 방식의 삶의 스타일을 말한다. 결국 말세에 우리는 머리가 아닌 삶으로 하나님의 말씀을 기억해 내는 것, 즉 지키고 행하는 것이 필요하다.

마음을 돌이키라

두 번째는 선지자 엘리야를 보낼테니 마음을 돌이키라는 것이다. 그 시점은 '여호와의 크고 두려운 날이 임하기 전'이다. 즉 예수님의 오심 전에 엘리야가 온다는 것이다. 이 엘리야는 바로 세례 요한이다. 요한의 아버지 사가랴에게 그의 탄생을 고지한 가브리엘은 그가 '엘리야의 심령과 능력으로' 주 앞에 설 것이라고 말한 바 있다. 또한 변화산에서 엘리야, 모세와 더불어 말씀하시는 예수님을 보고 제자들이 엘리야의 강림에 대해 물었을 때, 예수님께서는 엘리야가 이미 왔으나 사람들이 그를 임의로 대우했다고 말씀하심으로 그가 바로 세례 요한임을 시사하셨다. 예수님의 변화산의 체험 사건은 바로 말라기 4장 4~6절을 성취한 말씀이다. 이 크고 두려운 날의 상징은 바로 모세, 엘리야와 이야기하시는 예수님이신 것이다.

다음 세대를 세우는 것은 교회의 필연적 사명

6절에서 말하는 아버지의 마음을 아들에게, 아들의 마음을 아버지에게 돌이키는 것은 다음 세대를 하나님께로 돌이키라는 말이다. 세례 요한의 탄생을 고지한 가브리엘 천사장은 요한에 대해서 아버지의 마음을 자식에게 돌아오게 하고, 거스르는 자를 의인의 슬기에 돌아오게 하는 사명을 맡았다고 진술했다(눅 1:17). 여기서 아버지의 마음과 의인의 슬기, 자식의 마음과 거스르는 자가 동의적 표현이다. 그러므로 이 표현은 이스라엘 백성들의 조상의 신앙을 부패한 그 후손들의 마음에도 허락하시겠다는 말씀이다. 그래서 경건한 후손들이 되게 하시겠다는 것이다.

|청년 자기 체크리스트|

아래의 체크리스트를 가지고 오늘 소그룹 모임에 임한 자신의 태도를 충분히 점검해 보라.

점검 사항		5	4	3	2	1
준비및예습	본 과를 준비하면서 충분히 예습은 하였는가?					
	각 과의 분명한 목적은 알고 모임에 임했는가?					
	성령께서 나를 만지시도록 기도로 준비하였는가?					
	소그룹원들을 위해서 중보하였는가?					
	리더를 위해서 중보하였는가?					
	나를 변화시키실 하나님을 기대하는 마음으로 임했는가?					
참여및자세	적극적으로 질문과 대답에 참여했는가?					
	정직하게 자신을 보여주었는가?					
	지체들의 이야기에 사랑의 마음으로 공감적 경청을 하였는가?					
	모임 중 성령의 인도하심을 계속적으로 구했는가?					
	하나님께서 원하시는 것이 무엇인지 분명히 알았는가?					
	발견한 진리를 삶과 인격에 적용하기로 결단했는가?					
	이번주에 중보할 지체를 발견했는가?					
적용및결단	자신의 적용이 삶과 인격에 변화를 가져올 만큼 구체적인가?					
	배운 내용이 삶의 상황에 분명히 적용되었는가?					
	소그룹 모임에 대한 만족감이 있었는가?					
	배운 내용을 분명하게 정리했는가?					
	이번 과의 주제와 목적을 분명히 알게 되었는가?					
	삶과 인격의 변화를 위해 기도할 준비가 되어 있는가?					
평가	이번주 총점					

"그러므로 내 사랑하는 형제들아 견실하며 흔들리지 말고 항상 주의 일에 더욱 힘쓰는 자들이 되라 이는 너희 수고가 주 안에서 헛되지 않은 줄 앎이라" (고전 15:58)

– 이번주 생일 맞은 사람은?

– 이번주 소그룹 특이 사항은?

– 다음주 행사는?

– 다음주 전도할 대상은?

– 이번 달 암송 구절과 필독서는?

11과
어떻게 소그룹 파티를 준비할 것인가?

그리스도인에게 영혼 구원이란 늘 부담이다.
그런데 다시 생각해 보면
영혼 구원이 부담이 된 현실 자체가 사실은 부담이다.
이는 우리의 사명이기 이전에 기쁨이어야 한다.
어떻게 하면 영혼 구원이 우리의 기쁨이 될 수 있을까?
하나님께서는 전도라는 '미련한 것'으로
'구원'이라는 하나님의 지혜가 드러나게 하셨다.
본 과에서는 이 영혼 구원의 사역을
기쁨으로 할 수 있는 방법을 소개한다.
그것은 총동원 전도가 아니라
소그룹별로 실시하는 파티 형식의 전도이다.
전도는 본질적으로 팀 사역이다.
함께하지 않는 전도는 부담이 되지만,
함께하는 전도는 기쁨이 된다.
이번 과에서는 소그룹 전도 행사를 기획해 보고
이를 통해 소그룹 안에서 전도하는 기쁨을
실제화하는 시간을 가져 보자.

말씀 암송 | 요한복음 15장 7절

너희가 내 안에 거하고 내 말이 너희 안에 거하면 무엇이든지 원하는 대로 구하라 그리하면 이루리라

|다가서기|

1. 한 주간의 드웰링을 나누라.

2. 당신은 전도가 무엇이라고 생각하는가? 전도를 잘하기 위해서는 어떻게 해야 한다고 생각하는가?

인도자 가이드 |

우리 중 대부분은 전도에 대해 부담스러워한다. 아마도 전도할 때 종종 당하게 되는 모멸과 거절에 대한 두려움 때문일 것이다. 하나님께서도 전도란 미련한 것이라고 말씀하셨다(고전 1:21). 이 말은 사실 전도를 통해 예수님을 믿게 되는 사람은 없다는 말과 같다. 그러나 인간의 가장 미련한 것으로도 하나님의 최고의 지혜인 구원을 드러내시는 것이 그분의 능력이다. 그러므로 우리는 전도를 사명으로 삼아 끊임없이 복음을 전하되 그 가운데서 하나님의 일하심을 기대해야 한다.

|깊이 보기|

오늘 이 시간에는 '영혼 구원을 위한 소그룹 초청 파티(Smile Party)'에 대한 소개와 그 비전을 다룬다. 일명 '스마일 파티'인 이 소그룹 초청 파티는 교회에 초청할 친구를 소그룹별로 작정하여 한 달 동안 기도하고 준비하며 함께 팀으로 전도하는 프로그램이다. 이를 위해 소그룹 자체 내에서 서로가 영혼 구원에 대한 도전을 받고 각자에게 전도에 대한 목마름과 열정이 생기도록 기도하는 시간을 가지라. 초청에 성공하든 그렇지 못하든 한 달 동안 그를 위해 소그룹이 함께 기도하는 것이 무엇보다 중요함을 서로 숙지하자.

3. 영혼 구원을 위한 소그룹 초청 파티인 '스마일 파티'가 무엇인지 그 개념과 구성을 나누어 보라.

① 스마일 파티의 개념

인도자 가이드 |
스마일 파티(Smile Party)는 매 텀마다 여는 소그룹 초청 파티로, 한 텀의 세 번째 달에 하게 되는 소그룹 초청 전도 행사이다. 그 개요는 'S.M.I.L.E'이라는 약자가 설명해 준다. 즉 'Subject'(주제)와 'Menu'(메뉴), 'Intimate'(친한 친구)와 'Love'(사랑), 그리고 'Event'(이벤트)가 있는 소그룹 초청 파티를 의미한다.

② 스마일 파티의 구성

인도자 가이드 |
주제(Subject)는 공동체 전체가 동일하게 정하지 않고 소그룹에서 정하여 소그룹 별로 달리 진행한다. 이 소그룹 초청 파티는 새가족들과 함께 메뉴(Menu)를 나누고, 당연히 초청된 친밀한 친구(Intimate)와 사랑과 감동을 나누며(Love), 마지막에는 이벤트(Event)를 함께하는 형식으로 구성된다.

4. 스마일 파티는 한 달 동안 진행되는 소그룹 초청 파티이다. 주별 스마일 파티의 주제는 아래와 같다. 매주마다 주제별로 어떤 것들을 준비해야 하는지 소그룹별로 나누어 계획해 보라.

① 첫째 주: Smile Check

인도자 가이드 |

이는 초청 대상자들을 작정하고 소그룹 전체가 명단을 함께 나누어 갖는 것을 말한다. 그리고 한 달 동안 다 함께 그들의 영혼 구원을 위해 기도하는 스마일 파티의 시작이다.

② 둘째 주: Smile Design

인도자 가이드 |

둘째 주에는 소그룹 초청 파티의 구체적인 진행을 기획한다. 이번 스마일 파티의 주제와 부수적인 행사, 장식 등을 의논한 뒤 소그룹원들 각자에게 역할을 분담한다.

③ 셋째 주: Smile Invitation

인도자 가이드 |

첫째 주에 초청을 작정한 친구들과 식사 약속을 잡고, 간단한 선물과 함께 소그룹 초청 파티의 초대장을 전달하는 주간이다. 더불어 이번 한 주간 동안 그 친구들을 위한 특별 기도회를 실시한다.

④ 넷째 주: Smile Party

인도자 가이드 |

소그룹 초청 파티가 실제로 개최되는 날로 한 달 동안 준비한 대로 각각의 주제에 맞게 역할별로 진행한다.

5. 이제 스마일 파티를 위해 공동체의 각 모임별 역할들을 나누어 보자. 한 달 동안 진행되는 것이므로, 주별로 진행 방식과 역할, 광고 내용, 점검할 사항들을 작성하고 준비해 보자.

① 첫째 주

첫째주	리더모임	공동체예배	소그룹모임
Smile Check	1. 초청 대상자 작정 요령 설명 2. 기도회(전체 모임) 3. 스마일 팔찌 배부	1. S.P 시작 특별 광고, 현수막 2. 전도 설교(설교자) 3. 작정서 배부(회장) 4. 특별 프로그램 홍보(회장) 5. 스마일 팔찌 배부	1. 초청 대상자 작정, 소개 2. 초청 대상자와 작정자를 위한 기도 3. S.P 개인 결심 4. 기도 파트너 정하기
주중	1. S.P와 초청 대상자를 위한 기도(개인 기도 및 새벽 기도) 2. 전체 S.P 초청 대상자들을 소그룹별로(혹은 마을별로) 정리한 명단 제작(임원) 3. 초청장 및 각종 홍보 영상물 제작(담당자)		

② 둘째 주

첫째주	리더모임	공동체예배	소그룹모임
Smile Design	1. S.P 이벤트, 모임 진행, 역할 분담 디자인 2. 초청 대상자 전체 명단 배부 3, 기도회	1. Smile design 홍보 2. 새가족 섬김이 모임 3. 초청 대상자 전체 명단 배부 / 기도회 4. S.P 진행 관련 공지	1. 2차 작정서 배부 2. S.P 이벤트, 모임 진행, 역할 분담 디자인 3. 초청 대상자와 작정자를 위한 기도
주중	1. S.P와 초청 대상자, 작정자를 위한 기도(개인 기도 및 새벽 기도) 2. 소그룹원들끼리 기도 문자 보내기(소그룹별 혹은 마을별) 3. 홍보 영상 및 특별 광고 제작(담당자) 4. S.P 전도 간증자 선정 및 준비		

③ 셋째 주

첫째주	리더모임	공동체예배	소그룹모임
Smile Invitation	1. S.P 초청장 배부(임원) 2. S.P 소그룹별 장소 확인 3. 기도회(전체 모임) 4. 새가족 섬김이 모임 5. 스마일데이 진행 및 초청 요령 공지	1. 홍보 동영상(담당자) 2. S.P 간증자 간증 3. 대예배 초청장 배부 및 구두 광고 4. S.P 초청장 배부(임원)	1. S.P 초청장 배부 2. 초청 대상자와 작정자를 위한 기도 3. 편지 쓰기 4. 데코레이션, 진행, 이벤트 확인
주중	1. 초청 대상자를 위한 금식 기도(공동체 전체) 및 특별 기도회(새벽 혹은 저녁) 2. 초청 대상자와 함께 식사하고 초청장과 편지 전달하기(작정자) 3. 초청 작정자들에게 격려 문자 및 전화 하기(리더) 4. 모두를 위한 이름표 준비하기		

④ 넷째 주

첫째주	리더모임	공동체예배	소그룹모임
Smile Party	1. 초청 현황 확인 2. 초청 대상자를 위한 기도 3. S.P 전체 준비 확인(화장) 4. 등록카드 소그룹별 배부	1. 주제에 따른 설교 2. 특별 순서 진행(담당자) 3. 스마일 스티커 부착 4. 초청 대상자 환영	1. S.P 소그룹별 진행 2. 새가족 등록카드 작성 및 사진 촬영 3. 소그룹별로 복음 제시 및 영접 기도
주중	1. 새가족 등록자 취합 및 리스트 작성, 전산 처리(새가족팀) 2. 감사 문자 보내기(마을별, 소그룹별) 3. 참석하지 못한 초청 대상자들에게 찾아가 준비한 선물을 전달하고 다음 기회 약속하기 4. 참석한 초청 대상자들은 따로 불러 교회 지체들과 함께 식사 교제하기		

|관점 얻기|

S.P Check

1. 초청 대상자(Bef : Best Friend)를 작정하여 명단을 제출한다.
2. Bef를 자신의 소그룹원들에게 소개하고 기도 제목을 나눈다.
3. Bef List를 작성하여 마을 전체 지체들과 나누고 함께 기도한다.
4. S.P 팔찌를 착용하여 매일의 기도를 위한 시각적 자료로 사용한다.
5. S.P Check 용지의 내용은 아래와 같다.

분 류	이름(전화번호)	분 류	이름(전화번호)
학교 친구		직장 동료	
동네 친구		선후배	
외국 유학생		장기결석자	
동아리 친구		관심자	
친척		기타	

S.P Design

1 스마일 파티를 진행할 장소의 디자인과 역할 분담을 한다(환영, 간증, 복음 선포, 간식, 선물).
2. 한두 주 전에 Bef를 위한 편지나 롤링 페이퍼, 혹은 환영 동영상

을 제작하여 감동을 줄 수 있는 시간을 준비한다.

3. 모든 계획은 반드시 소그룹원들과 함께 기도하며 세운다(혹은 마을별로).
4. 한 달 동안 초청할 영혼을 위해 기도하고 초청하는 데 온 힘을 쏟는다.
5. 스마일 디자인 용지는 아래와 같다.

Smile Design	
Subject(주제) 이번 S.P의 주제와 콘셉트는?	
Menu(메뉴) 함께 나눌 간식과 음료 및 준비물은?	
Intimate(친한 친구) 작정자와 초청 대상자들의 이름은?	ex) 김영수(김철수, 배칠만)
Love(사랑) 어떻게 감동을 줄 것인가?	ex) 환영 영상 녹화, 롤링 페이퍼 사전 제작, 선물, 편지
Event(이벤트) 환영 이벤트는 무엇으로 할 것인가?	ex) 사랑으로 준비한 선물, 노래, 꽃
Nameplate(명찰) 명찰은 누가, 어떻게 디자인할 것인가?	
Decoration(장식) 장소를 어떻게 꾸밀 것인가?	ex) 초청 대상자들의 이름이 적힌 자리, 이름이 적힌 풍선
Invitation Strategy(초청 전략) 어떻게 초청하고 무엇을 언제 전달할 것인가?	ex) 초청 노하우 나누기, 식사 초대, 편지 전달, 기도 짝 만들기
Invitation Objective(초청 목표) 꼭 초청하고 싶은 인원은 몇 명인가?	
S.P Idea(스마일 파티 아이디어) 더 많은 열매를 맺기 위한 방법은 무엇인가?	

S.P Invitation

1. Bef와 함께 식사하며 작은 선물과 더불어 배부 받은(혹은 별도 제작) 초청장을 전달한다.
2. 스마일 파티 당일 함께 만나서 교회로 오기 위해 만날 시간과 장소를 정한다.
3. S.P에 대한 취지와 의미를 잘 설명하고, 교회의 많은 지체들이 자신을 위해 기도하고 있음을 알게 한다
4. 한 주간 공동체 전체가 스마일 초청 대상자들을 위해 새벽이나 저녁에 특별 기도회를 갖는다.

S.P Day

1. 초청 당일 소그룹원들은 예배 전에 따로 모여 함께 Bef의 이름을 부르며 기도한다.

(1) 그리스도를 향한 갈급함을 갖게 하시도록 (2) 그리스도께 반응하지 못하게 하는 모든 장애물들을 제거해주시 도록 (3) 그들 인격과 삶의 곳곳에 하나님의 복이 임하도록 (4) 성령께서 노우서서 예수님의 사랑과 계획을 체험하도록

2. Bef와 미리 만나 예배 시간에 맞춰 교회로 같이 온다.
3. 소그룹원들은 준비된 물품으로 약간의 실내 장식을 해준다.
4. Bef가 앉을 자리와 간식을 준비해 둔다.
5. Bef를 비롯한 모든 지체들이 명찰을 준비하여 착용한다.

|청년 자기 체크리스트|

아래의 체크리스트를 가지고 오늘 소그룹 모임에 임한 자신의 태도를 충분히 점검해 보라.

	점검 사항	5	4	3	2	1
준비 및 예습	본 과를 준비하면서 충분히 예습은 하였는가?					
	각 과의 분명한 목적은 알고 모임에 임했는가?					
	성령께서 나를 만지시도록 기도로 준비하였는가?					
	소그룹원들을 위해서 중보하였는가?					
	리더를 위해서 중보하였는가?					
	나를 변화시키실 하나님을 기대하는 마음으로 임했는가?					
참여 및 자세	적극적으로 질문과 대답에 참여했는가?					
	정직하게 자신을 보여주었는가?					
	지체들의 이야기에 사랑의 마음으로 공감적 경청을 하였는가?					
	모임 중 성령의 인도하심을 계속적으로 구했는가?					
	하나님께서 원하시는 것이 무엇인지 분명히 알았는가?					
	발견한 진리를 삶과 인격에 적용하기로 결단했는가?					
	이번주에 중보할 지체를 발견했는가?					
적용 및 결단	자신의 적용이 삶과 인격에 변화를 가져올 만큼 구체적인가?					
	배운 내용이 삶의 상황에 분명히 적용되었는가?					
	소그룹 모임에 대한 만족감이 있었는가?					
	배운 내용을 분명하게 정리했는가?					
	이번 과의 주제와 목적을 분명히 알게 되었는가?					
	삶과 인격의 변화를 위해 기도할 준비가 되어 있는가?					
평가	이번주 총점					

"그러므로 내 사랑하는 형제들아 견실하며 흔들리지 말고 항상 주의 일에 더욱 힘쓰는 자들이 되라 이는 너희 수고가 주 안에서 헛되지 않은 줄 앎이라" (고전 15:58)

- 이번주 생일 맞은 사람은?
- 이번주 소그룹 특이 사항은?
- 다음주 행사는?
- 다음주 전도할 대상은?
- 이번 달 암송 구절과 필독서는?

12과

Smile party

'스마일 파티'는 소그룹 초청 파티이다.
이는 곧 영혼 구원을 위해
소그룹원들이 한 달 동안 기도하고, 기획하며, 초청하면서
하나님을 미소 짓게 하는 팀 사역이다.
동시에 믿지 않는 친구에게
하나님을 만나는 기쁨, 미소를 선사하는 선물이다.
또한 영혼 구원이라는 기쁨의 미소를 회복하는 시간이다.
이제 실제적으로 친구를 초청해 온 날,
어떻게 하면 친구에게 복음을 전할 수 있을지 함께 나누어 보자.
이미 여러 청년 공동체에서 오랫동안 실시되어 온 스마일 파티는
소그룹별로 진행하는 전도 파티로서
전도를 부담이 아닌 기쁨으로, 스트레스가 아닌 미소로
전환시키는 탁월한 열매를 맺고 있다.
사랑하는 공동체에 구령의 열정이 회복되는
중요한 계기가 될 수 있도록 진행해 보자.

말씀 암송 | 요한복음 15장 7절

너희가 내 안에 거하고 내 말이 너희 안에 거하면 무엇이든지 원하는 대로 구하라 그리하면 이루리라

|준비하기|

1. 공동체 예배 전, 소그룹 모임 장소를 꽃이나 풍선 등으로 간단하게 장식한다.

2. 모든 지체들이 착용할 이름표와 방석을 자리에 배치한다.

3. 초청되어 온 친구를 위한 정성이 담긴 선물과 동영상, 엽서, 간식 등을 준비하고 잔잔한 음악을 틀어 둔다.

|환영하기|

1. Bef 가 오면 진심으로 환영하고 서로 인사하며 소개하는 시간을 갖는다.

2. 이름표를 달아준 뒤 서로의 이름을 외울 수 있는 게임이나 옆 친구 소개하기 등을 통해서 편안한 분위기를 조성한다.

3. 간식을 나누며 자유롭고 즐거운 대화의 시간을 갖는다.

|들어가기|

1. 간단한 다과를 곁들이며 다같이 지난 주간의 삶을 나누는 시간을 가진다. 이 시간을 통해 초청되어 온 친구들로 하여금 신앙인들의 삶에 대한 사고방식을 인식하도록 돕는다.

2. 이때 한 주간의 삶은 물론 영적인 깨달음이나 삶의 아픔과 기쁨 등도 함께 나누고, 하나님의 도우심이나 지체들의 기도로 회복된 것이 있으면 그런 부분도 진솔하게 나누도록 한다.

3. Bef에게도 나눌 수 있는 기회를 주되 동일하게 지난 주의 삶을 솔직하게 나누도록 하고, 더불어 교회에 온 소감 등을 물어 본다. 이때 친구의 나눔에 공감 어린 경청을 하도록 주의한다.

|Life Story Sharing|

1. 살아가면서 가장 기뻤던 때와 슬펐던 때, 지금의 상태, 그리고 미래에 대한 예측들을 그래프로 그리고, 왜 그렇게 생각하는지에 대해 나누는 시간을 갖는다.

기쁨							
슬픔							
출생 초등학교	중학교	고등학교	대학교	현재	결혼	자녀	죽음

2. 그 이유를 설명할 때 가능하면 신앙적인 의미를 부여하도록 한다. 이를 통해 신앙이 있는 사람과 없는 사람의 차이를 Bef 스스로가 느낄 수 있도록 돕는다.

3. 이때 자신의 이야기를 미화시키려 하지 말고 있는 그대로 진솔하고 정직하게 나눈다.

|복음 제시|

1. 리더가 마지막으로 마무리를 하면서 우리가 삶을 이렇게 낙관적으로 볼 수 있는 이유는 예수님 때문이라고 말한 뒤 간단한 복음 제시를 한다.

2. 이때 사영리나 브릿지를 사용하도록 하고, 필요에 따라서는 복음

제시를 위한 자료를 직접 만들어 사용해도 좋다.

3. 복음 제시는 '하나님의 인간 창조, 죄로 인한 멸망, 십자가로 인한 구원, 믿음으로 인한 행복과 영생'의 내용으로 전한다.

① 하나님의 인간 창조

- 태초에 하나님은 인격적 교제를 위해 인간을 창조하셨다.
- 하나님은 인간의 죄에 대해 조물주로서 심판하시는 폭군이 아니라 친밀한 아빠가 되기를 원하셨다.

② 죄로 인한 멸망

- 그러나 인간이 하나님께 죄를 지음으로 그 관계가 단절되었다.
- 이 죄로 인해 인간은 참 하나님을 찾을 수 없었고, 더 이상 하나님의 음성도 들을 수 없었다.
- 그렇게 되자 인간은 조금만 문제가 생기면 바위나 나무, 자연 현상 등이 하나님인 양 그 앞에 절을 했다.
- 인간은 본성적으로 신의 세계를 알기에 선행, 철학, 종교 등의 이름으로 하나님을 찾아보려고 했지만, 죄인인 인간으로서는 불가능한 일이었다.
- 하나님이 용서하지 않으면 사죄가 불가능한 죄를 인간으로서는 해결할 방법이 없었던 것이다.

③ 십자가로 인한 구원

- 이에 하나님께서 인간의 죄를 용서하시고 다시 친밀한 관계를 회복하기 위해 하나의 길을 준비하셨다.
- 그것은 하나님의 아들이 인간의 모습으로 오셔서 우리의 죄를 대신 지고 십자가에서 그 죄 값을 지불하는 것이었다.
- 그래서 인간들이 이 사실을 믿기만 하면 죄를 용서받고 하나님과의 관계도 다시 회복되게 하셨다.

④ 믿음으로 인한 행복과 영생

- 우리는 마음을 열고 이 사실을 받아들이기만 하면 된다.
- 성경은 우리가 진실한 마음으로 믿고, 입으로 시인하면 구원을 얻는다고 말한다.
- 이렇게 예수님을 영접하고 믿으면 이 땅에서 다시 하나님과 교제하는 행복한 삶을 살게 되고, 죽음 이후에도 하나님과 영원히 함께하는 영생을 얻게 되는 것이다.
- 이것이 하나님께서 우리를 위해 마련하신 구원의 길이다. 누구든지 자신의 죄를 고백하고 예수님이 하신 일을 마음으로 받아들이면 죄 용서와 함께 구원을 얻게 되는 것이다.

|영접 기도|

1. Bef의 반응을 잘 살펴보면서 예수님을 영접할 것을 권하고, 이에 응하면 영접 기도를 따라 하게 한다. 이때 모든 지체들이 함께 소리 내어 기도하도록 한다.

> **〈영접 기도문〉**
>
> 주 예수님! 저는 주님을 믿고 싶습니다.
> 지금 제 마음의 문을 열고
> 예수님을 나의 주, 나의 하나님으로 모십니다.
> 지금 내 마음 중심에 오셔서
> 나를 변화시켜 주시고,
> 나를 하나님이 원하시는 사람으로 만들어 주옵소서.
> 십자가에서 나를 위해 죽으심으로
> 나의 죄를 용서해 주신 것을 진심으로 감사드립니다.
> 이제로부터 영원토록 나를 책임져 주시옵소서.
> 예수님의 이름으로 기도합니다. 아멘.

2. 신앙이란 일종의 형식이 아니라 지극히 인격적인 일로 감정적인 변화나 기적은 부수적인 것이라고 일러 준다.

3. 이제부터 신앙생활에 대해 차차 알아갈 수 있도록 권면하고 모든 지체들이 축하해 주며 안아 준다.

|마치기|

1. 리더가 기도로 모임을 마무리한 뒤 준비된 이벤트(놀이나 식사)를 함께 하며 즐긴다.

2. S.P 모임을 담당 교역자에게 보고하고, 한 주간 소그룹원들과 함께 오늘 초청되어 온 Bef를 위해 기도한다.

3. 새가족 섬김이들은 등록카드를 작성하고 사진을 찍어 행정 담당자에게 넘긴다.

4. 주중에 소그룹원들과 새가족이 함께 만나 식사하고 교제할 수 있도록 약속 시간을 잡는다.

|청년 자기 체크리스트|

아래의 체크리스트를 가지고 오늘 소그룹 모임에 임한 자신의 태도를 충분히 점검해 보라.

점검 사항		5	4	3	2	1
준비 및 예습	본 과를 준비하면서 충분히 예습은 하였는가?					
	각 과의 분명한 목적은 알고 모임에 임했는가?					
	성령께서 나를 만지시도록 기도로 준비하였는가?					
	소그룹인들을 위해서 중보하였는가?					
	리더를 위해서 중보하였는가?					
	나를 변화시키실 하나님을 기대하는 마음으로 임했는가?					
참여 및 자세	적극적으로 질문과 대답에 참여했는가?					
	정직하게 자신을 보여주었는가?					
	지체들의 이야기에 사랑의 마음으로 공감적 경청을 하였는가?					
	모임 중 성령의 인도하심을 계속적으로 구했는가?					
	하나님께서 원하시는 것이 무엇인지 분명히 알았는가?					
	발견한 진리를 삶과 인격에 적용하기로 결단했는가?					
	이번주에 중보할 지체를 발견했는가?					
적용 및 결단	자신의 적용이 삶과 인격에 변화를 가져올 만큼 구체적인가?					
	배운 내용이 삶의 상황에 분명히 적용되었는가?					
	소그룹 모임에 대한 만족감이 있었는가?					
	배운 내용을 분명하게 정리했는가?					
	이번 과의 주제와 목적을 분명히 알게 되었는가?					
	삶과 인격의 변화를 위해 기도할 준비가 되어 있는가?					
평가	**이번주 총점**					

"그러므로 내 사랑하는 형제들아 견실하며 흔들리지 말고 항상 주의 일에 더욱 힘쓰는 자들이 되라 이는 너희 수고가 주 안에서 헛되지 않은 줄 앎이라" (고전 15:58)

- 이번주 생일 맞은 사람은?
- 이번주 소그룹 특이 사항은?
- 다음주 행사는?
- 다음주 전도할 대상은?
- 이번 달 암송 구절과 필독서는?

Memo

Memo

Memo